龚大春 ◎ 著

新论

举证责任

JUZHENG ZEREN XINLUN

——控制者自证其当原则

KONGZHIZHE ZIZHENG QI DANG YUANZE

中国政法大学出版社

2018·北京

图书在版编目（ＣＩＰ）数据

举证责任新论/龚大春著. —北京:中国政法大学出版社,2018.4
ISBN 978-7-5620-8220-0

Ⅰ.①举… Ⅱ.①龚… Ⅲ.①民事诉讼－举证责任－研究
Ⅳ.①D915.213.04

中国版本图书馆CIP数据核字(2018)第079409号

出　版　者	中国政法大学出版社
地　　　址	北京市海淀区西土城路 25 号
邮寄地址	北京 100088 信箱 8034 分箱　邮编 100088
网　　　址	http://www.cuplpress.com（网络实名: 中国政法大学出版社)
电　　　话	010-58908586(编辑部)　58908334(邮购部)
编辑邮箱	zhengfadch@126.com
承　　　印	北京九州迅驰传媒文化有限公司
开　　　本	880mm×1230mm　1/32
印　　　张	8
字　　　数	200 千字
版　　　次	2018 年 4 月第 1 版
印　　　次	2020 年 6 月第 2 次印刷
定　　　价	39.00 元

亲爱的读者，如果本书有幸得到您的眷顾，请允许我先表达一下写作本书的基本信念：

事实是科学和价值的共同支点。没有事实，就没有真理和正义，就没有真善美！

一、写作的背景和经历

早在20世纪90年代末，我从事律师职业不久，我就注意到举证责任问题。当时，《民事诉讼法》只是简单地规定"谁主张，谁举证"的举证责任分配原则，即"当事人对自己提出的主张，有责任提供证据"。而随着国有企业劳动合同制度的推行和医疗事故纠纷的增加，劳动纠纷和医疗纠纷案件逐渐增多。我在代理的几起劳动纠纷和医疗纠纷案件中，明显感觉到举证责任分配原则是存在问题的。员工一方不但要举证证明自己加班了或者遵守单位规章制度，还要举证证明用人单位没有支付加班工资或者违法解除劳动合同，而员工的有关考勤等工作记录或者用人单位对员工的考核记录等，明摆着由用人单位保管，员工一方取证十分困难。医疗纠纷也有类似情况，要证明医院有过错，必须从医疗过程中分析判断，而反映医疗过程的住院病案都是医生做的，在医院保管，患者很难取得，即使取得了，也可能被医生篡改过。这两类案件给我的印象最深，适用"谁主张，谁举证"原则，员工或患者都很被动和不利。虽然，当时提请法院调查有时能够解决一些问题，但是，总体上的被动和不利并不能解决。而这种在事实调查上的被动和不利是不公平的，我当时就认为，协助法院查明事实是每个人的义务，对当事人而言，只要持有证明案件事实的证据就有提供证据的义务。所以，像劳动纠纷和医疗纠纷这样的案件，必要时应该让用人单位和医院承担举证责任，民事诉讼法应该有这样的制度设计，就像行政诉讼那样由被告举证。自此，举证责任问题一直是我在法律实务和学习研究中的关注重点之一。

研究生学习时期，我有机会接触到举证责任的有关理论学说，开始深入思考举证责任分配的理论问题。2001 年底最高人民法院颁布的 2002 年 4 月施行的《关于民事诉讼证据的若干规定》（下称《证据规定》），进一步推动了国内诉讼法学界对举证责任问题的研究。学界对两大法系的相关理论和制度的研究越来越深入和系统化，而且，对举证责任研究一向冷清的刑事诉讼法学界也开始关注刑事诉讼举证责任问题。实务界的研究则是不断提出举证责任"倒置"的领域和观点，比如产品致损纠纷、环境纠纷、共同危险行为致损纠纷等。加之一些司法改革措施的实施，一时间，理论界和实务界关于举证责任问题的研究、研讨热闹非凡。与此同时，举证责任学说和规则的适用却出现了更大的混乱。理论上，连最基本的证据的概念和举证责任的概念，乃至它们的名称，都是"百家争鸣"。实务界，一些地方高级法院也纷纷总结实践经验，出台了地方版的"证据规定"。

在我来看，这种理论上的热闹和实务上的混乱既反映了理论与实务的高度关联，也反映了理论的缺陷，说明学界引介和应用到《证据规定》中的学说是有严重问题的。我发现，当时理论研究的一个突出现象是从理论到理论，从大陆法系到英美法系，从西方到中国。无论是学术著作，还是期刊论文，主流进路基本如此。一般都是某某学说怎么说，或者某某学者怎么说，或者某某国家如何规定，笔者认为怎么样，所以，我国应该怎么样。当然，通常也就是待证事实分类说、要件事实分类说或者规范说、危险领域说、盖然性说、利益衡量说（或较量说）等学说，或者罗森贝克、莱昂哈德、普维庭、普霍斯、高桥宏志、石田穰等德日学者，或者德国、日本、英国、美国等国家法律。

这种理论研究方法的最大优点就是能够兼收并蓄，吸收人类法治文明成果，所谓有"历史纵深"和"理论宽度"，但是，最大的缺陷就是脱离实践。既不是从实践问题出发，也不是分析、总结实践经验，更谈不上针对我国的法治国情。糟糕的是，这样的理论研究"结论"还在没有被充分论证和实践检验的情况下，就进入《证据规定》用来指导普遍的司法实践，实务界自然就乱套了。

我认为，证据制度的最基本的功能在于事实发现。举证责任分配制度作为证据制度的核心部分，应该担当事实发现功能的最主要角色，完成事实发现的最主要任务，而不是到"要件事实真伪不明"时分配"败诉责任"。所以，待证事实是什么、有哪些，是案件审理首先要解决的问题，也是举证责任分配理论研究的起点。在这个问题解决后，应当着重解决到哪里获取证据的问题。这在理论研究上就是要解决证据的本质和运动规律问题，并在此基础上确立举证责任分配的原则和规则体系。

经结合办案实践，我很快发现，要件事实分类说的"待证事实"观点是有问题的。司法实践中的待证事实都是基于诉辩双方具体的事实主张，由法官总结具体的争议焦点得出，诉辩双方举证证明的都是具体的事实主张，而不是直接指向实体法的"要件事实"。要件事实的证明都是在具体的事实被证明后才开始，而且是由法官通过逻辑推理来确定要件事实是否得到证明，进而确定实体法规范能否适用。所以，待证事实实际上存在基于主张的"具体的待证事实"和基于实体法规定的"抽象的待证事实"的双层结构。其中，"具体的待证事实"需要证据证明，具有分配举证责任的功能；而"抽象的待证事实"不需要证据证明，不具有分配举证责任的功能。

关于证据的本质和运动规律的研究，我很快认定了证据的信息本质，也初步论证了行为与证据的关系，认为行为和行为对象的控制者一定是证据的控制者，并提出了行为领域的概念。在此基础上，我得出了行为或行为对象的控制者应当证明其行为的正当性的初步结论，认为这应该是举证责在分配的基本原则。在此期间，我参加了一些地方学术会议，发表了一些论文，算是"窥探"或"侦查"了学术圈。

在后来的十多年的法律实务和学术研究中，我也一直关注举证责任分配规则在司法实践中的发展和相关理论的研究，并一遍遍地反反复复地对照、比较和检测自己的思考和研究结论。

我注意到，以规范说为主的"一强多元"的理论格局和立法格局逐渐形成，但是，批判的声音和破局的呼声有增无减。统一的证据立法停滞不前，举证责任"倒置"的规定有增无减。

尤其，在一遍遍的对照、比较和检测中，我对相关主流学说的研究方法和路径缺陷的认识越来越清晰，对自己的思考和研究路径更加坚信。对自己的思考和研究结论根本上的正确性越来越确信不疑，只是对一些具体诉讼领域需要进一步研究，对支撑结论的最为重要的证据运动规律需要进一步的深入研究。

两年前，受侦查学研究成果启发，以信息论和控制论的基本理论为指导，我发现并论证了证据在当事人之间分布的基本规律——行为控制规律。在对证据运动规律的研究取得突破后，我曾考虑陆续发表一些论文，并做出了一些努力。但是，随着思考具体问题的增加，我感觉论文不能表达清楚一个原则问题的论证过程，单单一篇论文往往只能论证一个问题，不联系其它论文就不能让人明白该文的意义，也不能反映一个原则问题论证的前后逻辑进程，于是，就有了写一本书的想法。在继续思考和准备一些资料后，2017 年的元月，我开始正式写作。因为许多基本问题都有思考记录和相关论文，所以，写书的时间并不长。从第一轮写作到第五轮整理结束，前后也就六个多月，平均每天写作约五个小时，中间还有过年和其它事务导致的中断约一个月时间。

都说写书是个苦差事，但是，我在几个月的写作中，基本上一直有种愉悦甚至兴奋感。我知道，这种感觉来自于发现和表达的快乐。我也没有去预料或者评估这本书未来的命运，甚至妻子女儿说要第一个给她们签名赠书的玩笑，我想都没想就嬉笑着答应了。我姑且把书写出来，命运嘛，还是交给实践和历史吧！

二、本书的研究方法和路径

如果举证责任分配的研究可以像肖建国博士这样分类，即"历史上曾出现过形形色色的举证责任分配理论学说，彼此观点各异、歧见迭出，但研究举证责任分配的学者立场，不外乎两种：一是认为举证责任分配可作抽象统一的分配，并力图找到一种公平合理地分配举证责任的统一原则；二是认为举证责任无法作统一原则性分配，只能是具体情况具体分析，具体案件具体处理、分配，由法官就个别具体事件，进行适当的裁量，决定何人应就何事负举证责任。这两种立场分别采用了逻辑推演法和经验归纳法。"〔1〕那么，毫无疑问，我的主张属于第一类，本书的研究方法当属于"逻辑推演法"。但是，同样是逻辑推演法，逻辑的起点、大小前提、推演路径和检验标准不同，其结论也会大相径庭。

总体而言，本书的逻辑起点是司法实践，是出于解决司法实践中的问题；大前提是当代社会的科学知识、科学世界观和文明价值观；小前提是对证据、举证责任制度价值、司法实践规则和判例的分析结论；推演路径和检验标准都在司法实践的场域中。所以，本书的基本依据是司法实践、法律、法哲学、哲学和当代相关领域的科学成果。本书对现有的理论学说主要是在必要时作为讨论的对象，而不会直接作为本书的理论依据。

在本书的章节中，将循着和反映这样的主要推演路径：①提出和分析要解决的问题，即论证和界定研究对象的核心概念——"举证责任"，论述和分析需要证明的对象——"待证事实"；②论证大前提，即确定举证责任分配原则的主客观依据；③重点论述客观依据，即作为举证行为对象的证据的本质和运动规律；④得出结论，即推演出举证责任分配的基本原则；⑤检验结论，即把举证责任分配原则运用到具体诉讼实践中；⑥继续从理论和规则两个角度运用、检验结论，即对有关主要学说和举证责任分配规则进行评析、比较和解释；⑦总结，即对论证结论进行综合运用，提出基于研究结论的统一的举证责任分配

---

〔1〕 肖建国："论民事诉讼举证责任分配的价值蕴含"，载《法律科学》2002年第3期。

规则体系。

其中，在举证责任概念问题上，我先论证了法律概念的界定方法，认为法律概念的定义应当严格依据法律条文进行。基于三大诉讼法的规定，结合诉讼法律关系的理论，认为举证责任这个法律概念的名称应该为"举证义务"，它的定义应该表述为：诉讼各方依法承担的向法官提供证据的义务。

在待证事实问题上，我从诉讼法的规定和判决书事实调查过程的分析中发现并论证了待证事实的双层结构，即"具体的待证事实"和"抽象的待证事实"。二者在形成过程、证明目的和证明方法等方面都是不同的。"具体的待证事实"，也就是诉辩双方主张的事实，具有分配举证责任的功能。而"抽象的待证事实"，也就是实体法规定的要件实事，不具有分配举证责任的功能。

关于举证责任分配原则的主客观依据，我首先论述了原则应当依据行为人的价值选择和行为对象的本质及其规律制定，并具有规范性、普适性和同一维度的唯一性等特征。接着论证制定举证责任分配原则应当以公正效益的价值选择为主观依据，以证据的本质与运动规律为客观依据。在这两个依据中，事实是它们的连接点，是它们共同的起点、归宿和支点。

在论证举证责任分配原则的主观依据时，为了厘清有关价值概念和便于后文的论述，我还不可避免地对正义、正当和公平等价值乃至"公正"等用语作了探讨。认为正义作为人类社会的最高价值，是人类关于作为人的自然生命在结为人类社会的经济、政治、文化生活中的合规律利益平衡状态的观念。正义的内涵包括合理性、正当性和公平性，其中，合理性是合规律性的反映，正当性是人的社会性的反映，公平性是利益平衡的反映。

关于举证责任分配原则的客观依据，我首先结合证据立法，根据认识论、信息论和信息科学的基本理论论证了证据的信息本质。接着从侦查学的基本原理即物质交换原理出发，结合信息论和控制论理论论证了证据在行为人之间分布的基本规律——行为控制规律，即证据的分布与包括行为人、行为、行为对象和行为环境构成的行为领域的控制状态正向相关。并对"控制"作解释性规定，即控制是主体按照自己的意志决定事物运动的过程或状态。"控制"须同时符合主客观两个条件：①客观上，行为人限制着某个事物的运动；②主观上，行为人具有意志自由。

在找到并论证了举证责任分配赖以确立的主客观依据后，我便着手推演举证责任分配的基本原则。首先，根据诉讼法公正效益的价值选择，得出证据的控制者应当提供证据的基本结论；其次，因为证据的控制者并不总是明显的，而且诉辩双方总是会展示对己有利的证据，掩饰隐瞒对己不利的证据，所以，就要根据证据分布的基本规律对证据的控制者作出正确判断，于是，进一步得出了行为领域的控制者应当承担举证责任的结论；最后，又因为我国三大诉讼法确立的是对抗制的诉讼模式，所以，诉辩双方只有证明对其有利的也就是具有正当性的事实主张的义务。于是，最终的结论就是：行为和行为领域的控制者应当承担其具有正当性的事实主张的举证责任，简言之，控制者自证其当。

关于控制者自证其当原则的检验，我首先是让该原则运用到三大诉讼中，以检验其规范性、普适性和同一维度的唯一性；接着通过评析主导我国民事诉讼举证责任分配的三大学说，论证控制者自证其当原则及其理论依据的理论解剖力和解释力；最后通过评析我国三大诉讼的举证责任分配规则，论证控制者自证其当原则的规范解剖力和解释力。

最后，我以统一的举证责任分配规则体系示例的方式结束本书和控制者自证其当原则的推演，目的在于让理论回到实践。理论的生命在于实践，我想，这应该是控制者自证其当原则的最佳归宿了。

三、本书非理论用语的含义

1. 有关法律或司法解释缩略语。

（1）《民事诉讼法》指现行《中华人民共和国民事诉讼法》；

（2）《刑事诉讼法》指现行《中华人民共和国刑事诉讼法》；

（3）《行政诉讼法》指现行《中华人民共和国行政诉讼法》；

（4）《民诉法解释》指最高人民法院《关于适用〈中华人民共和国民事诉讼法〉若干问题的解释》；

（5）《刑诉法解释》指最高人民法院《关于适用〈中华人民共和国刑事诉讼法〉若干问题的解释》；

（6）《行政诉讼法解释》指最高人民法院《关于适用〈中华人民共和国行政诉讼法〉若干问题的解释》；

（7）《证据规定》指最高人民法院《关于民事诉讼证据的若干规定》；

（8）《侵权责任法》指现行《中华人民共和国侵权责任法》。

说明：这些用语是对本书经常提及或引用的法律或司法解释，为了便于引用和识别而采取统一的简化称谓。

2. 有关诉讼主体称谓的含义。

（1）"当事人"指民事诉讼或行政诉讼的当事人，"公诉人"指公诉案件的公诉人，"被告人"指刑事案件的被告人，"自诉人"指刑事自诉案件的自诉人；

（2）"控方""辩方""控辩双方"指刑事诉讼中的公诉人或

被告人；

（3）"诉方""辩方""诉辩双方"指各类诉讼的起诉方或被诉方。

说明：之所以在不同的地方使用的称谓会有所不同，是出于各类诉讼或个别诉讼论述的需要。在涉及各类诉讼的论述时，统一称"诉方"或"辩方"；在个别诉讼的论述时，则依照有关诉讼法的称谓，这样，也便于读者识别讨论议题所在领域。

3. 有关理论用语，包括笔者新定义的用语和引用的学术用语，请阅读有关章节内容。

龚大春

2017 年 5 月 28 日于怡然园

目 录
Contents

第一章
举证责任概述

第一节　举证责任的概念

概念是对事物本质规定的语言描述，一般通过内涵和外延两个方面予以界定。概念是人类知识体系的砖石，是人类思维的起点。概念的正确界定对知识体系的科学化和科学研究的深入推进具有十分重要的意义。

一、法律概念的界定依据

法律概念是法律条文中使用的用以指称某个要件要素的名词或术语。为了避免司法实践中的歧义，立法者往往对重要的容易产生不同理解的名词或术语直接定义。这种情况在重要的、相对成熟的法律中比较常见，比如，我国《刑法》对"犯罪""故意犯罪""过失犯罪""正当防卫""犯罪预备""犯罪中止""共同犯罪""主犯""从犯""累犯""自首""国家工作人员""商业秘密""假药""贪污罪"等就给出了明确定义，而且，整个分则几乎都是对各个具体罪名的定义。另外，还对很多名词从外延角度进行界定，比如"单位犯罪""公共财产""司法工作人员""重伤"等。《中华人民共和国民法总则》对"法人""民事法律行为""物权"等；《合同法》对"要约""承诺""格式条款""买卖合同"等都给出了明确定义。类似情况在行政法律、诉讼法律中也都普遍存在。

但是尽管如此,仍然有很多法律名词或术语因为法学理论争议或纯粹的立法技术等原因,而没有在法律条文中予以定义。比如"刑事责任""刑罚""危害行为""违约责任""代理"等。而且,这种情况在诉讼法中尤为突出,比如,三大诉讼法连最基本的名词"主张""证据""当事人"等都没有给出明确的定义,而是采取列举的方式进行外延界定。诉讼行为术语更是不予界定,"举证责任"就是最典型的一个。

我国现行三大诉讼法及其司法解释都没有关于"举证责任"的定义,而且在用语上存在与"举证证明责任""有责任提供证据"等提法混用的情况。《民事诉讼法》第 64 条规定"当事人对自己提出的主张,有责任提供证据"。而《民诉法解释》第90 条规定:"当事人对自己提出的诉讼请求所依据的事实或者反驳对方诉讼请求所依据的事实,应当提供证据加以证明,但法律另有规定的除外。在作出判决前,当事人未能提供证据或者证据不足以证明其事实主张的,由负有举证证明责任的当事人承担不利的后果。"即在民事诉讼中,立法部门使用"提供证据责任",而司法部门使用"举证证明责任"。《刑事诉讼法》第 49 条规定:"公诉案件中被告人有罪的举证责任由人民检察院承担,自诉案件中被告人有罪的举证责任由自诉人承担。"《行政诉讼法》第 34 条规定:"被告对作出的行政行为负有举证责任,应当提供作出该行政行为的证据和所依据的规范性文件。"第 37条规定:"原告可以提供证明行政行为违法的证据。原告提供的证据不成立的,不免除被告的举证责任。"即在刑事诉讼和行政诉讼中,立法部门使用的都是"举证责任",而司法部门都没有进一步的具体规定。

应该说，在法律规范中对有些名词或术语不予定义同时又有不同提法的现象，并不少见。其原因大体在于立法语言的通俗化需要和法学理论的争议等。但是，司法实践和进一步的法学研究并不希望看到这种现象，而是希望做到明确和统一。司法实践的期待在于便于统一认识和执行法律，法学研究的期待在于便于大家统一认识、继续研究，乃至建立学科知识体系。所以无论是为了司法实践，还是为了法学理论，法律规范中没有定义的重要的名词或术语需要进行概念化定义。

既然法律概念界定的目的在于统一认识、便于司法和研究，要求在于明确和统一，法律概念的界定本身就需要有统一的可靠的依据。根据前面的分析，法律概念作为出现在法律规范中的名词或术语，可以分为三类：一是法律条文给出明确定义的；二是法律条文没有给出明确定义，但给出明确外延的；三是既没有给出定义，也没有给出外延的。

对于第一类法律概念，无论司法实践还是法学研究，当无发挥的余地，因为它们直接来源于法律条文，明确而统一。即使司法实践出现新情况需要扩大或限缩解释，那也是对条文中定义用语的"解释"，而不是重新给出定义。

对于第二类法律概念，司法实践不需要发挥，外延中的名词等对号入座即可，但法学研究可以也应当发挥，进而给出明确定义。因为外延的界定已经给内涵研究提供了基本条件，同时也作出了限定，发现内涵可以反过来指导立法乃至司法，才能推进法学研究的深入。

对于第三类法律概念，法律条文中既无内涵界定，也无外延界定，但它们被使用在法律条文中，生存于法律规范中。它们的含义是什么，外延是什么、有多大，只能从这些概念的"语境"中判断，作体系化解读，而不应该也不可能离开法律条文。离开了法律条文，对法律概念的定义就是在"捕风"，就是在"捉影"，因为没有依据；或者自说自话，因为除了"研究者"在"研究"，司法实践部门没有人理会他，真是想说爱它不容易！

总之，无论哪一类法律概念，对法律概念的定义都要严格依据法律条文进行。而且，这里的条文包括具体使用这个概念名词或术语的条文，也包括这个条文所在的法律的其它条文。

二、举证责任的概念

（一）举证责任概念的演变

法学概念是对法律研究的过程中形成的概念，表现为法学名词或术语。由于法学研究的基本对象是法律，所以法学概念来源于法律、依据法律。但是，即便尊崇法教义学的法学研究者也会不可避免地按照自己的理解对一些法律概念进行"学术改造"，使法学概念能够解释法律和指导法律的运用，并成为建构法学体系的砖石。在法学演进和法学争鸣的过程中，法学概念就会呈现出令人眼花缭乱的比法律概念复杂得多的定义。这对未来的立法可能不是坏事，但对当下的司法却肯定不是好事。很不幸，"举证责任"正是其中最典型的一个。

"我国对证明责任概念从 80 年代的排斥，到 90 年代的争鸣和适用，后来的分层理论移植阶段。"[1]这就是对证明责任概念演进过程的具有代表性的描述。

而下面是对证明责任概念的状况及其形成原因的叙述。"我国一般将大陆法系的理论作为基础，将英美法系的证明责任理论作为补充，发展了我国的证明责任理论。正是由于缺乏理论

---

〔1〕 参见黄维智：《刑事证明责任研究——穿梭于实体与程序之间》，北京大学出版社 2007 年版，第 134~140 页。

上的追根究底的精神，我国的证明责任理论实际上处于混乱状态……证明责任概念的混乱和模糊体现在证明责任用语的复杂上（证明责任、举证责任、立证责任、提供证据责任、说服责任等）……证明责任概念的混乱还表现在对证明责任本质的不同认识上（义务说、权利说、责任说、负担说等）。"〔1〕这样看来，证明责任的概念实在是够乱的！

举证责任概念在法学界的状况充分诠释了这么个道理：法律概念一旦离开法律条文后，将迷失在浩瀚的法学文件中，只会剩下缥缈的"风影"！

（二）举证责任的概念

如前所述，法学概念的依据应该是法律，而不是法学，更不是某个"法学家"的语言。

1. 举证责任的称谓

举证责任到底怎么称谓，或者使用什么名称、名词？根据我国三大诉讼法的规定，《民事诉讼法》使用的是"有责任提供证据"，《刑事诉讼法》和《行政诉讼法》都是使用"举证责任"。其中，《民诉法解释》使用的是"举证证明责任"，《刑事诉讼法》和《民事诉讼法》的司法解释都没有相关规定。

按说，对举证责任的研究起始于民事诉讼法学界，也滥觞于民事诉讼法学界，《民事诉讼法》应该使用明确的称谓或名词，而不是用"有责任提供证据"这种描述性语言予以回避。即便后来《民诉法解释》使用了"举证证明责任"，但是，这个称谓显然是个混合名词，明显的是把英美法系的"证明责任"的行为责任和结果责任的两层含义，用中文合并在一起表述而形成的，而且在解释过程中明显掺入了"法学家"的观点。可

---

〔1〕　黄永：《刑事证明责任分配研究》，中国人民公安大学出版社 2006 年版，第 73 页。

见，民事诉讼法法律条文对举证责任的称谓是模糊的。

不过，《民事诉讼法》使用"有责任提供证据"这种描述性语言可以直接解释的名词是"举证责任"，而不是"证明责任"或"举证证明责任"。结合《刑事诉讼法》和《行政诉讼法》的规定，"举证责任"应该是三大诉讼法的统一称谓，所以"举证责任"应该是三大诉讼法统一使用的法律概念。

2. 举证责任的含义

语词的含义取决于语词描述或指称的事或物。举证责任作为一个诉讼法律概念，其含义取决于法律条文对相关行为及行为的法律意义的规定。

《民事诉讼法》第 64 条使用"有责任提供证据"，转换一下，举证责任就是"提供证据的责任"。结合《民事诉讼法》的其它相关条款，如第 65 条"当事人对自己提出的主张应当及时提供证据"和第 70 条"书证应当提交原件。物证应当提交原物。提交原件或者原物确有困难的，可以提交复制品、照片、副本、节录本"的规定，"举证责任"的"举证"的直接和基本的含义是"提供证据"。至于第 70 条用的"提交"，与"提供"并不矛盾。"提供"包含"提交"，"提供"还有供出、展示的意思，是相对于作为裁判平台的法庭而言的。"提交"是"提供"的具体化，是诉讼中以法官为明确对象的诉讼行为。所以，虽然立法者也许并没有对这两个词语刻意区分，但这两个词语至少是不矛盾的，即"举证责任"就是"提供证据的责任"。

《行政诉讼法》具有相同的情况。《行政诉讼法》第 34 条规定："被告对作出的行政行为负有举证责任，应当提供作出该行政行为的证据和所依据的规范性文件。"第 36 条规定："被告在作出行政行为时已经收集了证据，但因不可抗力等正当事由不能提供的，经人民法院准许，可以延期提供。"可见，在行政诉讼法中，"举证"的直接含义就是"提供证据"，举证责任就是"提供证据的责任"的意思。

《刑事诉讼法》除了第49条"公诉案件中被告人有罪的举证责任由人民检察院承担，自诉案件中被告人有罪的举证责任由自诉人承担"的规定外，没有紧接着对举证作进一步的行为规定，而是在后面的条文中使用"移送""出示"等词语。如第172条规定："人民检察院认为犯罪嫌疑人的犯罪事实已经查清，证据确实、充分，依法应当追究刑事责任的，应当作出起诉决定，按照审判管辖的规定，向人民法院提起公诉，并将案卷材料、证据移送人民法院。"第190条规定："公诉人、辩护人应当向法庭出示物证。""移送"是向法官"移送"，无异于"提交"；"出示"是向法庭"出示"，是证据"展示"。"移送""出示"都是"提供"的具体行为方式。所以，"举证"的基本含义还是"提供证据"的意思，那么"举证责任"就是"提供证据的责任"的意思。

3. 举证责任的性质和定义

"举证责任"就是"提供证据的责任"，那么，这是什么性质的"责任"呢？是一种"义务"，还是一种"负担"？是一种"后果"，还是仅仅就是一种"责任"？这也是困扰诉讼法学界的基本问题之一。"关于如何理解举证责任的法律性质，诉讼法学界存在争论，主要有权利说、败诉危险负担说及义务说。"[1]

"责任"是个多义词，在不同的语境中有不同的含义。但是，在法律环境中，"责任"最基本、最原始的含义是对义务的违反而应当承担的法律后果。

人类社会是由人与人之间通过各种各样的社会关系连接而

---

〔1〕　叶自强：《举证责任及其分配标准》，法律出版社2005年版，第49页。

形成的。社会关系的内容是关系的连接点，而这个内容正是人与人之间相互具有的权利义务，包括道德权利、道德义务，也包括法律权利、法律义务，在以国家形式存在的社会中，主要是法律权利和义务。

法律权利和义务在不同的法律关系中会有不同的表现形式，在平等的社会主体之间是典型的权利义务形式，在具有管理性质的法律关系中，权利义务往往被统称为"职权""职责"。比如，国家机关中的不同职位的职员享有这个职位的行政职权，同时，这个"职权"也是他的"职责"；在一个组织比如企业中也是一样，企业的员工在他的岗位上就享有岗位"职权"和"职责"。"职权"和"职责"正是平等主体之间的权利义务在组织化管理性关系中的演化。但是，正是这种演化使"义务"经由"职责"而演变成为"责任"，所以人们指称的管理性关系中的"职责""责任"本质上就是"义务"。

如果社会关系中的权利义务正常行使或履行，社会关系就得以正常维系，社会秩序就正常。但是，总有权利义务行使或履行不当的情况，甚至发生恶意违反义务（侵犯权利是义务违反的一种）的情况。一旦出现这种情况，社会关系就会失常，社会秩序就会混乱或动荡。为了维系原来的社会关系、维护原来的社会秩序，对违反义务的行为就要实施"矫正"，就要对义务违反人追究"责任"，予以处罚或剥夺其应当付出的或不应当获得的，使相对权利人获得补偿或安慰。所以，"责任"是违反"义务"的后果。

至于为什么用"后果"作为"责任"的上位范畴，而不是用"负担"，因为如上所述，"责任"是违反义务导致的结果，"违反义务"与"责任"之间是因果关系，所以，"结果"应该是"责任"的上位范畴。而"后果"是"结果"的一种，一般指称不利结果，所以，用"后果"作为"责任"的上位范畴更加准确。"负担"并不具有"结果"的含义，而且往往含有"多余""额外"的意思，这与"责任"是不相符的。

那么，"举证责任"中的"责任"是法律关系内容中的义务，还是违反义务后的责任呢？回答这个问题，还是要回到法律中！

在各大诉讼法中，诉讼法律规范搭建了当事人之间、当事人和法官之间不同的诉讼主体结构和基本的诉讼法律关系。"典型的诉讼包含有两层不同的诉讼主体结构：一是审判权与诉权的关系结构，强调平衡、制约；一是诉权相互之间的关系结构，强调平等、对等。"[1]当事人与法官之间的关系，是诉权与审判权的关系，当事人有权利把争议交给法官，并要求法官作出裁判。而法官有权利要求当事人说明案情、提供证据。所以，在当事人与法官之间的法律关系中，接受争议、依法裁判是法官的义务，也是当事人的权利；说明案情、提供证据则是当事人的义务，也是法官的权利。所以，举证责任中的"责任"实际上是当事人与法官之间的诉讼法律关系内容中的义务，而不是违反义务后的责任。

诉讼法学界有一种观点认为，义务与权利相对，所以如果举证责任的性质是义务，那就应该有对应于这个义务的相对方的权利。但是，"由于缺乏相对应的权利人，所以，将证明责任看作义务在理论上难以成立"。[2]这个观点的问题在于还是没有脱离实体法思维，也可以说还是纠缠于实体法法律关系，而没有诉讼法法律关系概念。如上所述，在诉讼活动中存在着由诉讼法调整的当事人之间、当事人和法官之间的诉讼法律关系，

---

〔1〕 樊崇义主编：《诉讼原理》，法律出版社 2003 年版，第 143 页。
〔2〕 李浩：《民事证明责任研究》，法律出版社 2003 年版，第 39 页。

而且主要是当事人和法官之间的诉讼法律关系。这个法律关系不同于民事活动中平等主体之间的法律关系，也不同于行政管理活动中不平等主体之间的法律关系。在这个诉讼法律关系中，当事人和法官之间的权利义务贯穿于整个诉讼活动始终，这个权利义务的内容和形式也不同于民事法律关系和行政法律关系。所以，不能将民事法律关系中的权利义务的内容和形式套用到诉讼法律关系中，进而否定诉讼行为的权利或义务性质。

综上所述，举证责任这个法律概念的名称应该为"举证义务"，它的定义应该表述为：诉讼各方依法承担的向法官提供证据的义务。

第二节　举证责任与证明责任

一、举证不能之"责任"

举证责任是提供证据的义务，义务不适当履行就要承担"责任"，具有提供证据义务的当事人不适当履行提供证据的义务，他就要承担"责任"，可以概括为举证不能的责任。这个责任是发生在当事人与法官这对法律关系主体之间的责任，是当事人未能向法官适当履行义务的不利后果，这个后果就是法官作出的对不适当履行提供证据义务的当事人的不利裁决。

1.《刑事诉讼法》的责任规定

这种不利裁决在三大诉讼法中也有相关表述，其中，尤以《刑事诉讼法》规定得最为明确，该法第 195 条规定："在被告人最后陈述后，审判长宣布休庭，合议庭进行评议，根据已经查明的事实、证据和有关的法律规定，分别作出以下判决：……（三）证据不足，不能认定被告人有罪的，应当作出证据不足、指控的犯罪不能成立的无罪判决。"因证据不足而作出的无罪判决，毫无疑问是对负有有罪的举证责任的公诉方的不利判决。

2.《行政诉讼法》的责任规定

《行政诉讼法》第70条规定："行政行为有下列情形之一的，人民法院判决撤销或者部分撤销，并可以判决被告重新作出行政行为：（一）主要证据不足的；……"因主要证据不足而判决撤销或部分撤销行政行为，当然也是对负有举证责任的被告行政机关的不利判决。

3.《民事诉讼法》的责任规定

然而，在证明责任理论"发达、繁荣"的民事诉讼领域，《民事诉讼法》却没有作出直接的规定，而是作出了查明事实的规定。

《民事诉讼法》只是在第153条规定："人民法院审理案件，其中一部分事实已经清楚，可以就该部分先行判决。"这一规定显然表明，判决须建立在查清事实的基础上，与学界关于"真伪不明"的说法并不一致。

上述结论在二审程序的规定中还予以进一步重述，《民事诉讼法》第170条规定："第二审人民法院对上诉案件，经过审理，按照下列情形，分别处理：……（三）原判决认定基本事实不清的，裁定撤销原判决，发回原审人民法院重审，或者查清事实后改判。"

与《民事诉讼法》不同，《民诉法解释》第90条规定："当事人对自己提出的诉讼请求所依据的事实或者反驳对方诉讼请求所依据的事实，应当提供证据加以证明，但法律另有规定的除外。在作出判决前，当事人未能提供证据或者证据不足以证明其事实主张的，由负有举证证明责任的当事人承担不利的后果。"该条首先规定了事实主张者"提供证据"的责任，其次规定了证明不能即"真伪不明"的"证明责任"，充分反映了诉讼法学界关于"证明责任"的概念及其双重含义的学说。只是这里没有直接引用学界"证明责任"的称谓,而是用"举证证明责任"来表述,实际上是由"举证责任"与"证明责任"合并而来的。如果与双重含义说对接就是,"举证责任"是主观证明责任,也是行为责任;"证明责任"是客观证明责任,也是结果责任。

所以,我国《民事诉讼法》关于"举证责任"履行不能的"责任",与司法实践并不一致。应该说,在民事诉讼立法上并没有确立"举证责任"或"证明责任"的规范地位,而是坚持了查清事实的诉讼要求,没有明确赋予法官在事实"真伪不明"时的裁判权。但是,司法实践却通过"解释"的形式予以确立,这已经超越了立法,"解释"的合法性是存疑的。不过,司法解释中"举证证明责任"的表述,倒是避免了用"证明责任"概括双重含义容易引起的"责任"混淆。在"举证证明责任"中包含了"举证责任"和"证明责任","证明责任"仅仅是"举证责任"履行不能之"责任","举证责任"实际上是"举证义务"。

可见,在我国三大诉讼法中,举证不能是要承担"责任"的。"举证责任"的履行不能的"责任"是诉讼法律关系不正常运行而产生的责任,与诉讼法律关系的主体、权利义务等要素一脉相承,符合法律关系的运行逻辑。

诉讼法学界一些学者否定证明责任义务性质的另一个理由就是,"由于不履行证明责任不会发生损害赔偿或强制执行的后果,不能将证明责任看作义务"[1]。这个理由又把举证义务放回到当事人之间的实体法律关系中寻找定位,结果当然是找不到的!而且,法律责任的承担形式是因法而异的,不一定都是

---

〔1〕 参见李浩:《民事证明责任研究》,法律出版社 2003 年版,第 39 页。

"赔偿损失"。如前所述，举证义务履行不能是要承担不利裁决的责任的，而不利裁决意味着"不利益"，而且是可以强制执行的，这就是诉讼法律关系不正常运行的责任形式。所以，以举证义务履行不能"不会发生损害赔偿或强制执行的后果"的责任形式为理由，来否定举证责任的义务性质是不成立的。

二、"证明责任"双重含义说评析

（一）"证明责任"双重含义说基本内容

现今我国诉讼法学界的主流已经接受了以德日为代表的大陆法系的观点，把上述举证不能的责任界定为"客观证明责任"，又叫结果责任。其基本含义就是当事人主张的要件事实真伪不明时所应承担的不利裁判后果，"举证责任是指在诉讼中，当法官或陪审团无法确定某种事实的存在时，对当事人产生的其所主张不利后果"。[1] 而且，这种"客观证明责任"不是因为当事人没有履行"提供证据义务"的后果，而是早已在实体法中规定了的，与"提供证据义务"没有因果关系。与此相对应的是"主观证明责任"，又叫行为责任。

"客观证明责任"与"主观证明责任"构成了证明责任的双重含义，并且客观证明责任是证明责任的本质，对主观证明责任具有引导和决定作用。"提供证据责任是证明责任的'投影'"[2]这就是我国诉讼法学界关于证明责任的"双重含义说"。

根据该学说，正是实体法规定了客观证明责任才使当事人具有主观证明责任，该学说成功解决了当事人举证的心理动机。

〔1〕 叶自强：《举证责任及其分配标准》，法律出版社 2005 年版，第 47 页。
〔2〕 黄永：《刑事证明责任分配研究》，中国人民公安大学出版社 2006 年版，第 138 页。

如果当事人不能完成主观证明责任，他就要承担客观证明责任。从法律规范之间的关系来看，先是实体法规范确定了当事人的客观证明责任，进而驱使当事人履行诉讼法规范中的主观证明责任，如果当事人不能完成诉讼法上的主观证明责任，那就要承担实体法上的不利后果，即客观证明责任。

（二）"证明责任"双重含义说评析

双重含义说的逻辑顺序是：客观证明责任的预设导致主观证明责任的产生，又因主观证明责任未完成导致客观证明责任实际发生。这样的逻辑顺序，从哲学上概括就是：果的假设导致因的产生，再由因的失败导致果的实际发生。从法律关系角度就是：责任假设导致义务产生，又因为义务不履行导致责任实际发生。从法律规范之间的关系看就是：实体法律关系的责任决定诉讼法律关系的义务，诉讼法律关系的不履行导致实体法律关系的责任。

双重含义说来回穿梭于实体法和程序法之间，体现了实体法与程序法之间的关系，形成了独特的"义务-责任"链条和因果关系逻辑，尤其是较好地契合和解释了大陆法系的主流证明责任分配学说——要件事实分类说。

诉讼法学界通常还把上面的以德日为代表的大陆法系的双重含义说类比于英美法系关于证明责任的"双重含义"。且一般认为，大陆法系的"主观证明责任"和"客观证明责任"，分别与英美法系的"提供证据的责任"和"说服责任"大体一致。

英美法系一般认为证明责任有提供证据的责任（burden of producing evidence）和说服责任（burden of persuasion）两种含义。提供证据的责任是向法官提供证据，使法官把争议的事实提交给陪审团。说服责任是向陪审团证明某个事实，使陪审团相信某个事实主张。

所以实际上，这两组概念因为所处法系和诉讼模式的不同，而不具有可比性。在英美法系中，有独立的《证据法》，证明责任处于《证据法》中的重要位置，没有也不需要通过对实体法和程序法的来回穿梭建立"证明责任"的概念。另外，陪审团诉讼模式促使当事人不但要完成向法官"提供证据的责任"（burdenofproducing evidence），从而让法官把案件交给陪审团，而且要完成说服陪审团的事实"说服责任"（burdenofproof），进而由陪审团对案件事实作出对己有利的裁决。[1]所以，英美法系中的"证明责任"的双重含义实际上是两个阶段的"义务"，即"提供证据的义务"和"说服陪审团的义务"，与大陆法系的"证明责任"的双重含义不具有可比性。

应该说，大陆法系的双重含义说至少是让人费解的，更谈不上执行了。对这一点，李浩教授也有过中肯的论述。"规制举证责任的困难源自该制度自身的复杂性。首先，在举证责任这一概念下包含了两种意义上的负担，一种负担为当事人向法院提供证据的负担，另一种则是与待证事实真伪不明紧密相关的负担，即败诉风险。前者主要表现为当事人提供证据的负担，因此我国的一些学者将其称为行为意义上的举证责任，后者决定了败诉结果由谁负担，所以被称为结果意义上的举证责任。这两种意义上的举证责任虽然存在一定的联系，但两者又存在一系列的重要区别。其次，从当事人的角度来说明这项制度原本就令人费解。结果意义上的举证责任是用来克服事实真伪不明造成的裁判障碍的，是帮助法官履行裁判义务的，但它却被描述为当事人的责任，这就带来了理解上的困难，'因为客观的举证责任既与证明（Beweis）无关，也与责任（Last）无关'。最

---

〔1〕 参见黄永：《刑事证明责任分配研究》，中国人民公安大学出版社 2006 年版，第 74~91 页。

后，规定举证责任由哪一方当事人负担，有时是一件左右为难的事情。由于举证责任是败诉的风险，对于那些难以证明的案件事实来说，无论由哪一方负担举证责任，都很难作出符合证明要求的证明，正所谓'举证责任之所在，乃败诉之所在'。关于这一点，只要联系医疗侵权诉讼、环境侵权诉讼中因果关系这一要件的证明就不难理解。"[1]

笔者认为，大陆法系的双重含义说不仅仅是语义上的令人费解，它至少存在以下根本缺陷。

1. 在哲学层面上，因果关系逻辑混乱

作为结果的责任的发生只能是作为行为的原因的未完成。但是，双重含义说基于客观证明责任的预设引发主观证明责任，进而由主观证明责任的未完成而产生客观证明责任，形成了"假果—真因—真果"的因果关系链条，而且"假果"是"真因"的"因"，因果关系出现自体虚假闭合循环。认为主观证明责任是客观证明责任的"投影"的"投影说"，或者认为客观证明责任"涵摄"主观证明责任的"涵摄说"，企图解释或证明双重含义说的合理性，但是，不管怎么"投影"、怎么"涵摄"，由"假"到"真"和由"果"到"因"的逻辑问题还是摆在那里。

因果关系链是事物发展过程的反映，因果之间具有前后阶段的相对性，这一阶段的因果关系中的"因"是前一阶段因果关系中的"果"。所以，任何"因"都不是后来的"果"的假设，后来的"果"也不可能成为真正的"因"。但是，双重含义说恰恰出现了这种自体虚假的闭合循环。这样的循环是不能反映真正的因果关系的，也不可能解决对事物发展真实过程的

〔1〕 李浩："《民事诉讼法》修订中的举证责任问题"，载《清华法学》2011年第3期，第7~8页。

认定问题。

2. 在规范层面上，法律关系混乱

双重含义说穿梭于实体法和程序法之间，客观证明责任依据实体法规范，主观证明责任依据程序法规范。实体法规范调整的是当事人之间的法律关系，而程序法规范调整的是当事人之间及当事人与法官之间，而且主要是当事人与法官之间的法律关系。证明责任规范解决的是谁向法官提供证据的问题，所以，证明责任规范直接调整当事人与法官之间的法律关系。所以，双重含义说存在着实体法法律关系与程序法法律关系的主体上的错位混搭，只是这种"混搭"造成的只是混乱效果，而没有一点艺术感。

另外，"提供证据"是一种行为，在诉讼法中就是一种诉讼行为。在任何法律关系中，"行为"都不会是责任，而只能是法律关系内容中的"权利"或"义务"。程序法法律关系中的义务违反导致的应该是程序法上的责任，但是，双重含义说却把证明责任作为实体法规定的程序义务违反的结果，其中的法律关系脉络是混乱的。

法律关系脉络混乱还体现在双重含义说关于证明责任"分配"与行为意义上的证明责任的关系上。我们都知道，责任是不可分配的，可分配的是义务。而根据双重含义说，证明责任以结果意义的形式由实体法规定和"分配"在先，然后产生行为意义上的证明责任。毋庸讳言，行为意义上的证明责任实际上就是提供证据的义务，结果意义上的证明责任实际上就是提供证据的义务的履行不能的责任。所以，双重含义说是先分配责任，再确定义务，而不是先分配义务，再根据义务的履行情况确定责任，不但违背了责任是不可分配的这个基本原理，还完全违背了"义务-责任"的法律关系逻辑！这也是上述哲学层面的因果关系混乱在法律关系层面的体现。

法律关系混乱直接反映了双重含义说对现行证明责任分配规则的技术性解释特征，而不是一个理论应有的原理性解释功能。双重含义说有效契合和解释了要件事实分类说，尤其是规范说的"证明责任"分配规则。但是，正如要件事实分类说是立足于实体法规范的分类来确定"证明责任"分配的技术性"学说"一样，在要件事实分类说之下和围绕要件事实分类说的概念及其"学说"也至多是技术性的。

（三）举证责任与证明责任

举证责任是我国诉讼法中的法律术语，其基本含义是提供证据的义务，并没有承担主张真伪不明的后果的意思，其性质是一种诉讼法律义务。

但是很显然，既然有了提供证据的义务，当义务人不提供或提供不出的时候，亦即举证不能的时候，就要承担对其不利的裁判后果，这是不言而喻的，也是三大诉讼法所规定了的。所以，我国诉讼法已经在法律规范上构建和确立了事实证明的"义务-责任"链条。

"证明责任"一词曾在诉讼法学界有过与"举证责任"混用的情况，近些年来虽然仍然有混用，但，"举证责任"的使用已经越来越少。而且，随着"证明责任"的双重含义说已经成为主流观点，而"举证责任"又难以表达双重含义，"举证责任"一词似乎大势已去。

然而，从前文提及的三大诉讼法法条的规定中可以看出，学界的观点对立法的影响十分有限，三大诉讼法中找不到"证明责任"的表述，相反却充满"举证"或"举证责任"的表述。司法实践也基本如此，连证明责任理论最为繁荣的民事诉讼领域的司法解释都使用"举证证明责任"的混合语词，这是值得我们思考的现象。

如前所述，学界的主流"证明责任"概念是勾连了实体法和诉讼法两个法律规范体系的，而且把实体法规定的"证明责任"作为事实证明"义务-责任"链条的起点和终点。这样的"证明责任"当然不是诉讼法的"举证责任"所能达到和覆盖的。

但是，诉讼法中的举证义务及举证不能的"义务-责任"链条是完整存在的，举证不能的责任只能是以实体法为准绳的不利裁决，也就是双重含义说中的"客观证明责任"。

所以，如果非要使用西方学术上的证明责任概念来指称我国的举证责任，那么我国诉讼法中的举证责任概念当属"主观证明责任"。而且，虽然诉讼法没有对"客观证明责任"作明确表述，举证不能对裁判上的不利后果的影响是毫无疑问的，也是明确规定了的。所以，使用"证明责任"概念，并使其同时包含"举证责任"和承担举证不能致使案件事实真伪不明的不利后果的双重含义是没有意义的。何况，这里的"客观证明责任"实际上是不能证明的"责任"，用"证明责任"表述也是不恰当的。

（四）举证责任的转移问题

举证责任的性质是义务，举证不能的责任是举证义务未完成的后果，这是一个完整的"义务-责任"链条。在这个链条中，义务主体与责任主体是一贯的，义务主体变化，责任主体就要变化，责任就要在当事人之间"转移"。因为举证责任是会在当事人之间转移的，所以举证不能的责任也是会转移的。

但是，以德日为代表的大陆法系诉讼法学界在争论"主观证明责任"和"客观证明责任"时，一个重要的焦点就是行为意义上的主观证明责任是可以转移的，而作为结果意义上的客观证明责任是不能转移的。这也是证明责任双重含义的一个内容。

李浩教授认为："结果意义上的证明责任由哪一方当事人负担，取决于实体法的有关规定……结果意义上的证明责任一旦依据实体法确定由哪一方当事人负担后，除了由于法律上推定的作用，自始至终凝固于该当事人……例如，在继承案件中，原告以自己是被继承人的养子为由主张继承权，被告则否认其为养子。这里，建立收养关系这一事实的证明责任无疑是由原告负担的。原告在提出证据，初步证明建立收养关系的事实后，就可以不再举证。行为意义上的证明责任暂时转移于被告。因为在这种情况下，被告若不提出证据反驳，就会因建立收养关系的事实被法院认定而败诉，被告提出反证后，本证的证明力大受削弱，原告需要进一步提供补充证据，因此又负担起行为意义上的证明责任。在这一过程中，结果意义上的证明责任并未发生转移。……因为当建立收养关系这一事实真的最终无法确定时，承担不利诉讼结果的只能是原告，而不会是被告。"〔1〕很明显，这段论述是立足于实体法确定结果意义上的证明责任的判断而展开的，是以"结果责任作为新的支撑点"构建的证明责任理论的一个部分。〔2〕

该段论述除了摆脱不了前述双重含义说的根本缺陷外，在转移问题上，还存在以下问题。

1. 与两个责任的关系的理论自相矛盾

证明责任双重含义说认为，客观证明责任即结果意义上的证明责任，是主观证明责任即行为意义上的证明责任的基础，换言之，是因为要承担结果意义上的证明责任才不得不积极履

---

〔1〕 李浩：《民事证明责任研究》，法律出版社 2003 年版，第 29 页。

〔2〕 李浩：《民事证明责任研究》，法律出版社 2003 年版，第 48 页。

行行为意义上的证明责任。据此，结果意义上的证明责任的主体与行为意义上的证明责任的主体应该是一致的。但是，结果意义上的证明责任的"凝固"与行为意义上的证明责任的"转移"的观点，与这个结论是矛盾的。而这个矛盾发生在证明责任双重含义说内部，不是不同主体之间的内部矛盾，而是同一逻辑起点、不同方向论证结果之间的自相矛盾。

2. 继承案例的具体化可能出现不同的结论

实证研究最忌空泛！即便是举例，也应该具体化，不能只是把自己的观点作为大前提，再对小前提进行一般性设计，脱离真实案件，也没有具体情节，最后就得出所谓的结论。这样的论证无异于自说自话。李教授论述中的继承案例如果予以具体化，就可能得出不同的结论。

比如，按照李教授的论述顺序，原告主张收养关系的主要的直接的证据是公证书，而且提交了公证书原件，收养事实应该得到了初步证明。接着被告提出公证书是原告伪造的，并提供了鉴定报告。在这种情况下，原告的证据被推翻，而不是"证明力大受削弱"。原告要再次证明自己的事实主张，就必须否定被告的鉴定报告。在这个过程中，举证责任确实在原被告之间来回"转移"，不过，举证不能的责任也同时与举证责任来回"转移"。试想，如果被告不能提供公证书为伪造的鉴定报告，即不能提出反证，判决的结果是什么呢？只能是不利于被告的判决。下一步也是一样，如果原告推翻不了被告的鉴定报告，就只能等到对己方的不利判决。所以，结果意义上的证明责任总是随着行为意义上的证明责任的转移而转移！之所以有结果意义上的证明责任"凝固"的结论，就是因为把论证的起点钉死在实体法的要件事实上，实体法要件事实成了"诉讼之舟唯一的锚"，甚至不但起航和停泊要取决于这个锚，连如何航行也要取决于这个锚!

再比如,原告主张收养关系的主要的直接的证据是公证书,而公证书又在被告处保存,原告提供了无利害关系的两个证人和公证处的公证书签收记录,证明公证书在开庭前一直在被告处保存。显然,原告并没有完成存在收养关系这一事实的初步的证明责任。在这种情况下,案件还要进行或还能进行下去吗?按照李教授的论述,因为原告没有完成初步的证明责任,被告就无需提供反证反驳原告,可以直接以原告主张的事实"真伪不明"而请求裁决驳回原告诉求,以体现证明责任制度的价值和功能。然而,这是荒谬的。不但民事诉讼法要求"查明事实",而且司法实践通常也不是且不会这么做的,法官通常都会要求被告提交那个关键证据——公证书。被告被要求提供公证书后,可能发生两种情况,一是被告拒不提交,二是无法提交。在第一种情况下,法官的"心证"立即完成,即认为公证书是存在的,且内容是对被告不利的,随即作出对被告的不利裁决。在这里,提交公证书已经成为被告的举证责任,被告不提交,就是举证不能,就要承担举证不能的责任,即不利裁决。

在第二种情况下,被告须举证证明无法提交的事实,比如突发的自然灾害、人为意外事件等使公证书灭失。如不能举证,则仍然要承担举证不能的后果。如果提交了确切证据证明公证书灭失,而原告又不能举证推翻这个公证书灭失的事实,则原告主张的事实真正出现"真伪不明"。但是,这种情况下的"真伪不明"还是因为被告完成了公证书灭失事实的举证责任,原告不能举证推翻这个公证书灭失的事实导致的。那么,最后让原告承担的举证不能的责任,是因为凝固在那的要件事实"真伪不明"的责任,还是因为原告不能举证推翻公证书灭失的事实的责任呢?不妨设想一下,如果原告再次举出证据证明被告关于公证书灭失的证据是假的，或者被告举证的事实不可能导致公证书灭失，那么虽然关于收养关系的要件事实仍然"真伪不明"，但原告还要承担举证不能的责任吗？显然不能！否则，又会出现一个荒唐的判决！可见，即使在第二种情况下，当事人也不是因为实体法要件事实"真伪不明"而承担举证责任，而都是因为举证义务履行不能而承担举证不能的责任。

所以，建立收养关系的证据不一定无疑由原告提供，被告也可能承担举证不能的责任，一切都要根据具体案情，而不是根据实体法规定的高度概括了的抽象的"要件事实"！

从上述继承案例具体化的演绎过程还可以得出这样的结论：所谓的"要件事实真伪不明"是个伪命题！在上述案例的演绎过程中，"义务-责任"链条完全在诉讼法律关系范围内运转，义务履行情况决定责任发生与否。而举证责任是会转移的，举证不能意味着自己主张的具体事实得不到证明，或者不能反驳对方主张的具体事实。所以，"真伪不明"的实际上是主张的具体事实，而不是实体法规定的"要件事实"。而且，具体事实的真伪不明是举证不能的反映，是举证义务的履行不能，所以，举证不能一方要承担义务履行不能的责任，即不利的裁决后果，而不是"要件事实真伪不明"的事先设定的固定的客观的证明责任。

第三节　主张与举证责任

一、主张的含义

主张是当事人的一种重要的诉讼行为，也是一些诉讼法律、司法解释和裁判文书中经常出现的名词。但是，关于主张的含义或定义，并没有统一的规定。如《民事诉讼法》第 64 条的"当事人对自己提出的主张，有责任提供证据"的"主张"显然是指陈述的案件事实。《民诉法解释》有 23 处"主张",其含义各有不同,有的是陈述的事实或关于事实的意见,有的是诉求内容。《行政诉讼法解释》有 2 处"主张",其中第 15 条"原告主张被告不依法履行、未按照约定履行协议或者单方变更、解除协议违法,理由成立的"的"主张"也是陈述的事实;而第 17 条"有下列情形之一的,人民法院应当作出不予准许一并审理民事争议的决定,并告知当事人可以依法通过其他渠道主张权利"的"主张"则明显是一种诉求。《刑诉法解释》有 2 处使用"主张",分别在第 151 条和第 513 条,2 处的含义与《行政诉讼法解释》相同。

在司法实践中,主张通常也是有两方面的含义,一是诉求的内容,二是诉求所依据的事实的内容,即当事人陈述的事实或关于事实的意见。二者可以对应称为"诉求主张"和"事实主张",有时二者也统称为"诉讼主张"。比如,著名的"南京彭宇案"一审判决书中的"对其自称是见义勇为的主张不予采信"的"主张"是关于事实的性质的意见,而"原告主张医疗费"的"主张"则是诉求内容。[1]

可见,无论是在法律规范中,还是在司法实践中,主张的含义都不是唯一的,当然通常也就是两种含义。至于到底是什么含义,根据语境还是容易作出判断的。在证据法律规范和判决书的事实查明部分,因为规定或叙述的是关于事实的问题,所以主张的含义通常是陈述的事实,在证据法的相关理论研究中也是这样,只是有时为了明确而使用"事实主张"。本书论述的举证责任分配问题是证据法问题的一部分,所以,在没有特

---

〔1〕 http://www.legaldaily.com.cn/index/content/2012-02/08/content_ 3338388. htm,访问日期:2016 年 12 月 28 日。南京市鼓楼区人民法院〔2007〕鼓民一初字第 212 号《民事判决书》。

别所指的情况下，"主张"就是陈述的事实。

二、主张与举证责任

当事人的诉求或抗辩要想得到法官的支持，就必须让法官认为他的诉求或抗辩具有实体法上的法律依据。要做到这样，他必须提出符合某个实体法规定的事实主张，而且还要证明这个事实主张是存在的，否则，法律的"准绳"作用只能使法官作出驳回其诉求或抗辩的判决。

这就涉及两个问题，一个是如何才能使事实主张符合某个实体法规定，一个是如何证明这个事实的存在。其中，第一个问题涉及主张的事实与实体法要件事实的关系问题，是要证明主张与要件事实的符合性的；第二个问题涉及主张的事实与证据的关系问题，是要证明主张的存在性的。

但是不管怎样，主张的事实是否存在的问题是首先要解决的，因为这个问题没有解决，讨论主张的事实与要件事实是否符合是没有意义的。而如何证明主张的事实是存在的，关键又在于谁应该提供证据证明，这就涉及举证责任问题了。

关于举证责任问题，可以说自有诉讼时起就一直存在，而且因为其在实践中越来越显示出的极端重要性和复杂性，诉讼法学界已经把举证责任制度视为诉讼法的"脊梁"，把举证责任问题视为诉讼法学或证据学的"世纪之猜想"。[1]正是这个"脊梁"问题，伴随着人类法律制度的整体变迁，多少法学家为之倾注了无尽的心血。

举证责任制度，最早可以追溯到古罗马法中的"谁主张，谁举证"原则，也是迄今发现的最古老的举证责任分配原则。

---

〔1〕〔德〕莱奥·罗森贝克：《证明责任论——以德国民法典和民事诉讼法典为基础撰写》，庄敬华译，中国法制出版社2002年版，第7页。

但是，这一古老的原则早已被待证事实分类说以来的各种学说及其相应规则所架空。

待证事实分类说根据待证事实的性质和内容把待证事实分为积极事实和消极事实、内界事实和外界事实。以此分类为基础，认为主张消极事实或内界事实一方，不需要承担举证责任；主张积极事实或外界事实一方，应该承担举证责任。该学说又被后来的要件事实分类说所取代。

以规范说为代表的要件事实分类说立足于民事法律实体法规范，把民事法律规范分为权利发生规范和包括权利妨害规范、权利消灭规范、权利受制规范在内的对立规范。认为主张权利存在的，应就权利发生的要件事实举证，否认权利存在的，应就对立规范的要件事实举证。

经过上面两大类学说的两轮"洗礼"，"谁主张，谁举证"已经被实质上架空。再后来的危险领域说、利益衡量说、盖然性说等学说又纷纷指出规范说的弊端，争论和研究在继续，但是，"谁主张，谁举证"早已失去了"原则"的功能和意义。

各国立法和司法实践也大体如此。我国民事诉讼法司法解释就规定了许多举证责任倒置条款，《行政诉讼法》则在立法时对举证责任分配进行整体倒置，规定由被告承担举证责任。这种情况已经倒逼实体法立法，一些实体法已经开始对举证责任进行规定，例如，《侵权责任法》就有许多条款直接规定行为人的举证责任。这恐怕是立法者没有想到而又无奈的选择，也充分说明了实体法规范原本就没有分配证明责任的功能！

在本书的"待证实事"一章，我们会看到，实体法没有分配证明责任的功能的根本原因在于，实体法要件事实都是高度概括的行为规范，而不是"具体事实"。作为行为规范，实体法要件事实是一种事实，但是要件事实都是法律语言描述的高度概括的"事实梗概",而不具有具体性,当然也不可能具体。不具体,就不能反映具体案件信息的运动过程,就无法根据要件事实判定到哪里收集证据,或者把收集证据的责任分配给哪一方当事人。

所以,主张一头联系着实体法规定的要件事实,一头联系着证据。主张将首先导致举证责任的发生,举证责任分配在诉讼中具有极其重要的意义。但是,举证责任分配问题在人类漫长的诉讼历史中并没有得到解决。

第二章

待证事实

审理案件，在事实调查环节，首先要弄清楚哪些案件事实需要查明，否则审理就会失去方向。需要查明的事实就是学界所称的待证事实，即有待证明的案件事实。

举证责任分配就是要为证明待证事实向当事人分配举证责任，所以待证事实是什么、有哪些，决定着需要什么证据和哪些证据，因而间接决定着举证责任分配。

第一节　待证事实的形成

目前诉讼法学界的主流观点认为，狭义地讲，待证事实就是当事人主张的需要证据证明的实体法规定的要件事实。如李浩教授主编的《证据法学》就认为："证明对象，又称待证事实，是指证明主体运用证据予以证明的对审理案件有重要意义的事实。证明对象有两种含义：狭义的证明对象是指诉讼之外的实体性要件事实；广义的证明对象除包括实体性要件事实外，还包括诉讼中的程序性要件事实及非诉讼中的要件事实。"[1]同时认为证明对象是"当事人主张的事实""法律规定的要件事实"和"需要证据证明的待证事实"。[2]这个观点几乎同时也

---

〔1〕 李浩主编：《证据法学》，高等教育出版社 2014 年版，第 187 页。

〔2〕 李浩主编：《证据法学》，高等教育出版社 2014 年版，第 188 页。

是几大诉讼法学教材的观点。[1]

　　根据主流观点，待证事实作为实体法规定的要件事实，与诉讼是无关的，诉讼来与不来，待证事实就在那里！当事人一旦提起诉讼，有了主张，待证事实就进入具体案件，像一把剑固定地悬在某个当事人头上，直至他把"待证事实"证明成"事实"才能卸除证明负担！但是，一旦结合诉讼法和真实的司法实践过程，我们就会发现，待证事实的形成过程不是那么回事！

一、诉讼法规定的待证事实形成过程

　　我国《民事诉讼法》第119条规定："起诉必须符合下列条件：（一）原告是与本案有直接利害关系的公民、法人和其他组织；（二）有明确的被告；（三）有具体的诉讼请求和事实、理由；（四）属于人民法院受理民事诉讼的范围和受诉人民法院管辖。"本条关于起诉的事实条件的规定是"有具体的"事实，具体的事实当然不是实体法规定的要件事实。而且，这个具体事实不是说说就行的，是必须要有证据证明的。

　　另外，《民事诉讼法》第152条规定："判决书应当写明判决结果和作出该判决的理由。判决书内容包括：（一）案由、诉讼请求、争议的事实和理由；（二）判决认定的事实和理由、适用的法律和理由；（三）判决结果和诉讼费用的负担；（四）上诉期间和上诉的法院。"本条规定判决书内容涉及两个事实，即

----

〔1〕　参见江伟主编：《民事诉讼法学》（第4版），高等教育出版社2013年版，第199页。陈光中主编：《刑事诉讼法学》（第5版），北京大学出版社2012年版，第172~174页。这些教材在对"证明对象"即"待证事实"定义后的范围部分，第一类的证明对象都是"实体法事实"，足见编者的基本观点。马怀德主编：《行政诉讼法学》（第2版），中国人民大学出版社2015年版，第120页。该教材直接表述为"行政诉讼证据的证明对象是被诉行政行为的合法性"，即符合法律规定的"要件"。

"争议的事实"和"认定的事实"。显然，"争议的事实"是要证明的事实，"认定的事实"是法官认为已经证明了的事实，所以"认定的事实"应该包含在"争议的事实"范围内，即被证明了的"争议的事实"。

我国《行政诉讼法》也有基本相同的规定，该法第49条规定："提起诉讼应当符合下列条件：（一）原告是符合本法第二十五条规定的公民、法人或者其他组织；（二）有明确的被告；（三）有具体的诉讼请求和事实根据；（四）属于人民法院受案范围和受诉人民法院管辖。"即作为起诉条件的事实必须是"具体的"。

我国《刑事诉讼法》没有关于作为起诉条件的事实和判决书内容的事实的规定，但是有关于审查起诉内容的规定。该法第168条规定："人民检察院审查案件的时候，必须查明：（一）犯罪事实、情节是否清楚，证据是否确实、充分，犯罪性质和罪名的认定是否正确；（二）有无遗漏罪行和其他应当追究刑事责任的人；（三）是否属于不应追究刑事责任的；（四）有无附带民事诉讼；（五）侦查活动是否合法。"本条规定的内容也是检察院作为公诉机关向法院提起公诉的条件。其中的"犯罪事实、情节是否清楚，证据是否确实、充分"既表明要查明的事实，又表明这些事实要有确实、充分的证据证明，显然这里的"犯罪事实"必须是"具体的"，不可能是《刑法》规定的"要件事实"。

从三大诉讼法关于事实的规定来看，作为起诉条件的事实必须是具体的，而作为判决内容总结的争议的事实和认定的事实没有明确规定是什么样的事实。但是，从案件审理过程来看，争议的事实一定形成于起诉的具体事实和对方答辩的事实。而答辩的事实是针对起诉人的起诉的事实，所以答辩的事实无论是承认还是反驳，也应该是具体的。所以，争议的事实也只能是具体的事实。争议的事实就是待证事实，那么待证事实和认定的事实也就只能是具体的事实。

具体的事实当然不是实体法规定的抽象的要件事实，所以，实体法要件事实并不直接规定和形成待证事实。

二、司法实践中待证事实的形成过程

下面结合司法实践，以轰动一时的"彭宇案"判决书为例，看看作为起诉条件的"具体的事实"和作为判决书内容的"争议的事实""认定的事实"都是什么样的。鉴于该案件的影响和在举证责任和证据使用方面的典型意义，本书后面章节还要引用该案例，所以，在这里不妨对判决书有关部分予以整体摘录。

（一）判决书的相关内容

根据南京市鼓楼区人民法院〔2007〕鼓民一初字第212号《民事判决书》，[1]其事实调查部分的内容为：

原告徐××诉称，2006年11月20日上午，原告在本市水西门公交车站等83路车。大约9点半左右，2辆83路公交车进站，原告准备乘坐后面的83路公交车，在行至前一辆公交车后门时，被从车内冲下的被告撞倒，导致原告左股骨颈骨折，住院手术治疗。因原、被告未能在公交治安分局城中派出所达成调解协议，故原告诉至法院，请求判令被告赔偿原告医疗费40 460.7元、护理费4497元（住院期间护理费897元、出院后护理费3600元）、营养费3000元、伙食费346元、住院期间伙食补助费630元、残疾赔偿金71 985.6元、精神损害抚慰金

---

〔1〕 http://www.legaldaily.com.cn/index/content/2012-02/08/content_ 3338388. htm，访问日期：2016年12月28日。

15 000元、鉴定费 500 元，共计人民币 136 419.3 元，并由被告承担本案诉讼费。

被告彭×辩称，被告当时是第一个下车的，在下车前，车内有人从后面碰了被告，但下车后原、被告之间没有碰撞。被告发现原告摔倒后做好事对其进行帮扶，而非被告将其撞伤。原告没有充分的证据证明被告存在侵权行为，被告客观上也没有侵犯原告的人身权利，不应当承担侵权赔偿责任。如果由于做好事而承担赔偿责任，则不利于弘扬社会正气。原告的诉讼请求没有法律及事实依据，请求法院依法予以驳回。

经审理查明，2006 年 11 月 20 日上午，原告在本市水西门公交车站等候 83 路车，大约 9 时 30 分左右有 2 辆 83 路公交车同时进站。原告准备乘坐后面的 83 路公交车，在行至前一辆公交车后门时，被告第一个从公交车后门下车，原告摔倒致伤，被告发现后将原告扶至旁边，在原告的亲属到来后，被告便与原告亲属等人将原告送往医院治疗，原告后被诊断为左股骨颈骨折并住院治疗，施行髋关节置换术，产生了医疗费、护理费、营养费等损失。

事故发生后，南京市公安局公共交通治安分局城中派出所接到报警后，依法对该起事故进行了处理并制作了讯问笔录。案件诉至本院后，该起事故的承办民警到法院对事件的主要经过作了陈述并制作了谈话笔录，谈话的主要内容为：原、被告之间发生了碰撞。原告对该份谈话笔录不持异议。被告认为谈话笔录是处理事故的民警对原、被告在事发当天和第二天所做询问笔录的转述，未与讯问笔录核对，真实性无法确定，不能作为本案认定事实的依据。

案件审理期间，处理事故的城中派出所提交了当时对被告所做讯问笔录的电子文档及其誊写材料，电子文档的属性显示其制作时间为 2006 年 11 月 21 日，即事发后第二天。讯问笔录电子文档的主要内容为：彭×称其没有撞到徐××；但其本人被徐××撞到了。原告对讯问笔录的电子文档和誊写材料不持异议，认为其内容明确了原、被告相撞的事实。被告对此不予认可，认为讯问笔录的电子文档和誊写材料是复制品，没有原件可供核对，无法确定真实性，且很多内容都不是被告所言；本案是民事案件，公安机关没有权利收集证据，该电子文档和誊写材料不能作为本案认定事实的依据。

被告申请证人陈二春出庭作证，证人陈二春证言的主要内容：2006 年 11 月 20 日其在 21 路公交车水西门车站等车，当时原告在其旁边等车，不久来了两辆车，原告想乘后面那辆车，从其面前跑过去，原告当时手上拿了包和保温瓶；后来其看到原告倒在地上，被告去扶原告，其也跑过去帮忙；但其当时没有看到原告倒地的那一瞬间，也没有看到原告摔倒的过程，其看到的时候原告已经倒在地上，被告已经在扶原告；当天下午，根据派出所通知其到派出所去做了笔录，是一个姓沈的民警接待的。对于该证人证言，原告持有异议，并表示事发当时是有第三人在场的，但不是被告申请的出庭证人。被告认可证人的证言，认为证人证言应作为本案认定事实的依据。

另查明，在事发当天，被告曾给付原告 200 多元钱，且此后一直未要求原告返还。关于被告给付原告钱款的原因，双方陈述不一：原告认为是先行垫付的赔偿款，被告认为是借款。

在审理中，对事故责任及原、被告是否发生碰撞的问题，双方也存在意见分歧。原告认为其是和第一个下车的被告碰撞倒地受伤的；被告认为其没有和原告发生碰撞，其搀扶原告是做好事。

因原、被告未能就赔偿问题达成协议，原告遂诉至法院，要求被告赔偿原告医疗费、护理费、营养费、住院伙食补助费等损失，并承担本案诉讼费用。

在审理中，原告申请对其伤情的伤残等级进行司法鉴定，本院依法委托南京鑫盾司法鉴定所进行鉴定，鉴定结论为：被鉴定人徐××的损伤构成8级伤残。

因双方意见不一，致本案调解无效。

上述事实，有双方当事人陈述；原告提供的住院记录、医疗费票据；被告申请的证人陈二春的当庭证言；城中派出所提交的对原告的询问笔录、对被告讯问笔录的电子文档及其誊写材料；本院委托鉴定的鉴定报告、本院谈话笔录以及本院开庭笔录等证据证实。

本院认为，当事人的合法权益受法律保护。对于本案的基本事实，即2006年11月20日上午原告在本市水西门公交车站准备乘车过程中倒地受伤，原、被告并无争议。但对于原告是否为被告撞倒致伤，双方意见不一。根据双方诉辩观点，本院归纳本案的争议焦点为：一、原、被告是否相撞；二、原告损失的具体数额；三、被告应否承担原告的损失，对此分别评述如下。

一、原、被告是否相撞

本院认定原告系与被告相撞后受伤，理由如下：

1. 根据日常生活经验分析，原告倒地的原因除了被他人的外力因素撞倒之外，还有绊倒或滑倒等自身原因情形，但双方在庭审中均未陈述存在原告绊倒或滑倒等事实，被告也未对此提供反证证明，故根据本案现有证据，应着重分析原告被撞倒之外力情形。人被外力撞倒后，一般首先会确定外力来源、辨认相撞之人，如果相撞之人逃逸，作为被撞倒之人的第一反应是呼救并请人帮忙阻止。本案事发地点在人员较多的公交车站，是公共场所，事发时间在视线较好的上午，事故发生的过程非常短促，故撞倒原告的人不可能轻易逃逸。根据被告自认，其是第一个下车之人，从常理分析，其与原告相撞的可能性较大。如果被告是见义勇为做好事，更符合实际的做法应是抓住撞倒原告的人，而不仅仅是好心相扶；如果被告是做好事，根据社会情理，在原告的家人到达后，其完全可以在言明事实经过并让原告的家人将原告送往医院，然后自行离开，但被告未作此等选择，其行为显然与情理相悖。

城中派出所对有关当事人进行讯问、调查，是处理治安纠纷的基本方法，其在本案中提交的有关证据能够相互印证并形成证据锁链，应予采信。被告虽对此持有异议，但并未提供相反的证据，对其抗辩本院不予采纳。根据城中派出所对原告的询问笔录、对被告讯问笔录的电子文档及其誊写材料等相关证据，被告当时并不否认与原告发生相撞，只不过被告认为是原告撞了被告。综合该证据内容并结合前述分析，可以认定原告是被撞倒后受伤，且系与被告相撞后受伤。

2. 被告申请的证人陈二春的当庭证言，并不能证明原告倒地的原因，当然也不能排除原告和被告相撞的可能性。因证人未能当庭提供身份证等证件证明其身份，本院未能当庭核实其真实身份，导致原告当庭认为当时在场的第三人不是出庭的证人。证人庭后第二天提交了身份证以证明其证人的真实身份，本院对证人的身份予以确认，对原告当庭认为当时在场的第三人不是出庭的证人的意见不予采纳。证人陈二春当庭陈述其本人当时没有看到原告摔倒的过程，其看到的只是原告已经倒地后的情形，所以其不能证明原告当时倒地的具体原因，当然也就不能排除在该过程中原、被告相撞的可能性。

3. 从现有证据来看，被告在本院庭审前及第一次庭审中均未提及其是见义勇为的情节，而是在二次庭审时方才陈述。如果真是见义勇为，在争议期间不可能不首先作为抗辩理由，陈述的时机不能令人信服。因此，对其自称是见义勇为的主张不予采信。

4. 被告在事发当天给付原告二百多元钱款且一直未要求原告返还。原、被告一致认可上述给付钱款的事实，但关于给付原因陈述不一：原告认为是先行垫付的赔偿款，被告认为是借款。根据日常生活经验，原、被告素不认识，一般不会贸然借款，即便如被告所称为借款，在有承担事故责任之虞时，也应请公交站台上无利害关系的其他人证明，或者向原告亲属说明情况后索取借条（或说明）等书面材料。但是被告在本案中并未存在上述情况，而且在原告家属陪同前往医院的情况下，由其借款给原告的可能性不大；而如果撞伤他人，则最符合情理的做法是先行垫付款项。被告证人证明原、被告双方到派出所处理本次事故，从该事实也可以推定出原告当时即以为是被被告撞倒而非被他人撞倒，在此情况下被告予以借款更不可能。综合以上事实及分析，可以认定该款并非借款，而应为赔偿款。

（二）判决书中的"待证事实"的形成

判决书的节录部分已经完整地呈现了前述诉讼法规定的作为起诉条件的"具体的事实"、作为判决书必要内容的"争议的事实"和"认定的事实"。

作为起诉条件的"具体的事实"以"原告徐××诉称"内容呈现，事实具体到人物、时间、地点、经过和结果。被告"辩称"的具体程度也一样。

作为判决书必要内容的"争议的事实"以"争议焦点"呈现，即"根据双方诉辩观点，本院归纳本案的争议焦点为：一、原、被告是否相撞"。形成焦点的过程和焦点的内容反映在前面的"本院经审理查明"的内容中,即"审理中,对事故责任及原、被告是否发生碰撞的问题,双方也存在意见分歧。原告认为其是和第一个下车的被告碰撞倒地受伤的;被告认为其没有和原告发生碰撞,其搀扶原告是做好事"。

作为判决书必要内容的"认定的事实"以对"焦点"的评述部分呈现,即"本院认定原告系与被告相撞后受伤,理由如下"。

再看判决内容,"综上,为维护当事人的合法权利,依据《中华人民共和国民法通则》第98条、第119条,《最高人民法院关于审理人身损害赔偿案件适用法律若干问题的解释》第17条之规定,判决如下:被告彭×于本判决生效之日起10日内一次性给付原告徐××人民币45 876.36元。"而《中华人民共和国民法通则》第98条、第119条的规定分别是"公民享有生命健康权"和"侵害公民身体造成伤害的,应当赔偿医疗费、因误工减少的收入、残废者生活补助费等费用;造成死亡的,并应当支付丧葬费、死者生前扶养的人必要的生活费等费用"。《关于审理人身损害赔偿案件适用法律若干问题的解释》第17条是关于赔偿项目的计算的规定。

从判决适用的实体法法条来看,具有"要件事实"特征的是"侵害公民身体造成伤害的"一句。依据该规定,侵犯人身权责任的构成要件是侵害行为、行为对象——公民身体、侵害结果——伤害。原告的诉求要得到法官支持,他必须证明自己的身体(行为对象)被被告侵害(侵害行为)造成伤害(侵害结果),只有这样法官才能适用实体法法条作出有利于他的判决。

所以从判决内容要对照适用的事实来看,待证事实确实是实体法规定的,是抽象的、固定的。

可见，从待证事实的形成过程来看，实际存在着诉讼法规定的、案件调查过程的具体的待证事实，和实体法规定的判决对照适用的抽象的待证事实。这两个待证事实，因为各自产生的依据、形成过程和阶段、内容表述等特征的不同，没有办法合二为一，两个待证事实都现实地客观地存在着。

第二节　待证事实的双层结构

如前所述，实体法要件事实最终是要被证明才能被适用的，实体法要件事实应该是案件的待证事实。而三大诉讼法和司法实践审理过程要证明的都是当事人双方争议的具体事实，争议的具体事实当然也是案件的待证事实。两个待证事实就这么在案件审理的过程中现实地存在着！

一、语言系统中"事实"的层次性

事实是事物及其运动过程的真实情况，所以真正的事实只有一个，否则必定有"虚假事实"。但是，作为人类认识对象的事实，一旦用人类的第二信号系统来反映，就会出现不同版本的事实，比如图片反映的事实、视频反映的事实、语言反映的事实等。

仅仅是语言反映的事实，即便在同一种语言中，因为语言的情感和思想表达功能，语言如同被表达的外部世界一样是一个复杂的系统。在这个系统中，有的语词用以表达人们对事物的状态的具体感性认识，有的语词用以表达人们对事物属性、事物之间的关系的抽象的理性认识。前者是具体的，它会引起听者或读者的想象；后者是抽象的，它会引起听者或读者的思考。从认识的阶段看，前者是感性阶段语词，反映的是认识的低级阶段；后者是理性阶段语词，反映的是认识的高级阶段，二者隶属于不同的认识层次。在这两个层次的语词中还可以再分层次，因为，在感性阶段还有感觉、知觉、表象三个阶段和层次，在理性阶段还有概念、判断、推理三个阶段和层次，所有这些阶段和层次都有对应的语词表达。

比如，"强壮"是对一个人体魄的积极判断语词，概括而抽象。我们完全可以用"肌肉发达"这样的语词表达同样的意思，这就具体多了。有艺术眼光的，或者不知道上面语词的，还可以进一步描绘或分解，如"衬衫的胸扣就要被隆起的胸肌撑开""胸口两边和两个手臂上都是鼓鼓的肌肉"等，这就进入到感觉或知觉层次了。

动词也是这样。比如"侵害"是对一方施加于另一方的行为的负面表达语词，很抽象。但是，如果用"打伤"就具体多了。如果用"拿砖头砸破"，则听者就可以想象场景了。同样的行为事实，可以用不同层次的语词表达，效果各有不同。

所以，同一个事实可以有不同层次的语词表达，至于用什么层次的语词表达，则完全看语词用于什么目的。

二、待证事实的双层结构

待证事实作为一种事实，人们在表达自己的认识时也会使用不同层次的语词，从而表达不同层次的待证事实。

比如，前面引用的"彭宇案"中，诉状用的语言是："原告准备乘坐后面的83路公交车，在行至前一辆公交车后门时，被从车内冲下的被告撞倒，导致原告左股骨颈骨折"。被告答辩语言是"被告当时是第一个下车的，在下车前，车内有人从后面碰了被告，但下车后原、被告之间没有碰撞"。原告诉状和被告答辩所称的事实都是具体的，但又是表象层次的叙述。其中的关键行为语词用的是"撞",既没有对"撞"予以慢动作分解或形象化描述,也没有把"撞"用"侵害"这个判断性的抽象语词直接概括到实体法要件事实的层次。

但是,"撞"的事实是本案争议的事实,是法官要求当事人证明的,在本案中是要原告证明的。当"撞"的事实被证明后,即法官形成了存在"撞"的事实的心证后,实体法要件中的"侵害"的事实并不需要当事人用证据证明,而是由法官根据当事人证明了的具体事实进行判断推理,得出证明结论。即"只有通过逻辑思维,才能从已知事实中推导抽象事实"。[1]

所以,待证事实在任何一个案件中都有两个层次的事实,一个是具体的感性层次的,一个是抽象的理性层次的。前者可以称为"具体的待证事实",后者可以称为"抽象的待证事实"。

江伟教授主编的我国《民事诉讼法学》权威教材在阐述"证明对象"的范围时已经把实体法事实分为三个层次,即主要事实(法律要件事实)、间接事实和辅助事实。其中,主要事实是民事实体法规定的作为形成特定民事权利义务关系的事实,间接事实是"指用来推断主要事实是否存在的事实。在一些情况下,主要事实本身难以用直接方式证明,需要通过先证明与主要事实有关的另一些事实,来间接地推断主要事实存在与否"。[2]可见,"具体的待证事实"和"抽象的待证事实"的层次分类与"主要事实"和"间接事实"的分类基本一致。但是,"主要事实"和"间接事实"的分类反映的实际上是诉讼主张的事实与实体法要件事实的远近关系,因而既不都是"实体法事实",也不是"主要"与"次要"的关系,分类存在标准和范围上的混乱。而且,这种分类不能反映两个事实在人类

---

〔1〕 李浩主编:《证据法学》,高等教育出版社 2014 年版,第 189 页。

〔2〕 江伟主编:《民事诉讼法学》,高等教育出版社 2013 年版,第 200 页。

认识过程中的阶段和特点，对举证责任分配或证明责任的分配没有实际意义。

三、"具体的待证事实"和"抽象的待证事实"的关系

案件的待证事实存在着"具体的待证事实"和"抽象的待证事实"双层结构，作为同一个结构的两个组成部分，"具体的待证事实"和"抽象的待证事实"既不是完全等同的待证事实，也不是两个毫无关系的待证事实。

（一）"具体的待证事实"和"抽象的待证事实"的区别

根据前面的论述，不难看出，"具体的待证事实"和"抽象的待证事实"有以下几点区别：

1. 产生依据不同

"具体的待证事实"由诉讼法规定和当事人提出，而"抽象的待证事实"由实体法直接规定。

2. 语言表述不同

"具体的待证事实"由感性的具体化语言表述，而"抽象的待证事实"由理性的抽象化语言表述。

3. 证明目的不同

"具体的待证事实"的证明目的是查明案情，而"抽象的待证事实"的证明目的是正确适用实体法律。

4. 证明的依据不同

"具体的待证事实"的证明依据是证据，而"抽象的待证事实"的证明依据是已经被证据证明了的具体事实。

5. 证明方法不同

"具体的待证事实"因为事实的具体性和证据的具体性，待证事实的证明是通过与证据的"比对"进行的，是真正的直接的事实"对照"过程。不能一一对应的地方通过分析或推理得

出，分析或推理也以证据为基础，得出的结论也还是具体的事实。而"抽象的待证事实"因为事实的抽象性，待证事实的证明只能通过对具体事实的分析、概括和推理进行，所以是抽象的逻辑证明过程，并不是真正或直接的事实"对照"过程。

（二）"具体的待证事实"和"抽象的待证事实"的联系

1. 前者是后者的具体化，后者是前者的抽象化

"具体的待证事实"和"抽象的待证事实"是同一事实的认识的前后两个阶段和低级高级两个层次的关系。正是这个原因，使持有待证事实是实体法要件事实的学者认为，"相对于证据所包含的具体事实即能动的已知事实而言，证明对象是具有普遍属性的抽象事实，即受动的未知事实"。[1]

2. 前者的证明是后者的证明的前提和基础

只有"具体的待证事实"得到证据证明，"抽象的待证事实"的逻辑证明才能开始，才能有证明依据。当然，后者的证明是前者证明的必要延续，只有后者得到证明，实体法才能适用，当事人的诉求才能得到实体法支持，才能得到有利判决。

四、发现和确立待证事实双层结构的意义

"具体的待证事实"和"抽象的待证事实"的双层结构的发现和分类，使实体法的要件事实与当事人的争议事实之间的关系变得清晰、明朗。以此为基础，我们可以厘清一些模糊混乱的概念和规则，从而为制定科学的、统一的举证责任分配规则铺平道路。所以，"具体的待证事实"和"抽象的待证事实"的双层结构的发现和分类具有十分重要的意义。

（一）厘清"证明责任"和"举证责任"的概念

如前所述，目前一般认为证明责任这个概念有双重含义，

---

〔1〕 参见李浩主编：《证据法学》，高等教育出版社 2014 年版，第 189 页。

一个是行为意义上的证明责任，即提供证据的责任，又称主观证明责任；一个是结果意义上的证明责任，即实体法要件事实真伪不明的证明责任，又称客观证明责任。[1]在这个概念下，同一个名词被赋予两个含义，当事人既要承担提供证据的责任，即"举证责任"，又要承担实体法要件事实真伪不明的"证明责任"。

那么，根据"具体的待证事实"和"抽象的待证事实"的分类，当事人并没有对实体法要件事实即"抽象的待证事实"的证明责任，而只有对"具体的待证事实"的证明责任，即提供证据的义务，也就是法律规定的"举证责任"。而证明责任分配的主体对象就是诉辩双方，既然诉辩双方没有结果意义上的证明责任，那么分配的只能是行为意义上的证明责任，即举证责任。所以，"证明责任"概念存在用语不当和内容模糊两个问题，证明责任概念应该还原为古老的罗马法规定的"举证责任"概念。

在"举证责任"概念下，举证责任只有提供证据义务的含义，内涵是单一的、明确的，并没有承担实体法要件事实真伪不明的败诉后果的含义。当举证责任履行不能时，诉辩双方要承担举证不能的责任，也将导致败诉，但是，败诉的义务前提是对"具体的待证事实"的"举证责任"，而不是对"抽象的待证事实"的"证明责任"。

（二）走出"要件事实分类说"的窠臼

目前的主流观点认为待证事实就是实体法要件事实，因而对待证事实的分类，也就是对要件事实的分类，并从要件事实分类出发确定证明责任的分配规则，形成了著名的"要件事实

---

〔1〕 参见李浩主编：《证据法学》，高等教育出版社2014年版，第211~214页。

分类说"。这一学说内部又有不同的具体理论观点和规则,德国罗森贝克的"规范说"是最为著名的一个。"规范说"虽然从开始至今受到多番猛烈批评,虽然其相关证明责任分配规则越来越多地被倒置适用,但该说提出的规则仍然被大陆法系国家和现在的我国作为主要的证明责任分配规则,并与包括倒置规则在内的其它规则结合使用。理论上的混乱导致立法上的混合,到了司法实践则是困惑、混淆和混乱,甚至弃之不用。[1]

要件事实分类说的根本问题在于把"抽象的待证事实"作为"具体的待证事实"分配给当事人用证据证明,以至于证明目的、证明依据和证明方法全都弄错了!这样的错误是深层次本质和关系的认识错误,因而是根本性错误。根本性错误并不随时在浅表层面表现出来,甚至有时还会给人很有道理或者很有效的感觉。但是,当浅表问题的解决需要更深层次本质或关系的正确认识的指导时,根本性错误就会表现出持久的范围不断扩大的不合理和无效,倒置或弃之不用的情况就越来越多。

要件事实分类说之所以曾经能有效地解决"抽象的待证事实"的证明问题,是因为曾经的经济和法律是自由市场经济和以私法为主的法律。在这样的经济和社会活动中,经济和社会主体之间基本上都是平等的独立主体,主体之间的信息流动是对称的。在法律中,像合同法规定的要件事实与"具体的待证

---

〔1〕 参见冀宗儒、孟亮:"论证明责任裁判的表现形式",载《证据科学》2013 年第 3 期,第 323 页。"笔者通过考察相关法院的民事判决书发现,针对证明责任裁判,由于在真伪不明和证明责任分配的认识上存在诸多误解,因而在判决的表述上亦呈现出多种混乱和模糊的情形"。又参见张中:"实践中的证据法——中国证据法实施情况调查研究",载《证据科学》2015 年第 2 期。"司法证明过程包含举证、质证和认证三个阶段,它们依次展开,相互衔接,保证了事实认定的准确性。司法文明指数调研数据显示,'证明过得到合理规范'这个二级指标得分并不高,全国 9 省市平均得分为 67.7 分,在'证据制度'的 4 个二级指标中排名倒数第二。"

事实"语词所反映的信息在流动方向和分布上是一致的，所以依据"抽象的待证事实"分配证明责任与依据"具体的待证事实"分配产生了同样的效果。而且，因为"抽象的待证事实"由实体法规定，而任何判决最后都要适用实体法规定，所以依据"抽象的待证事实"分配证明责任显得十分合理。但是，要件事实分类说一旦离开平等交往的经济或社会领域就要出问题，就不得不倒置了。而且，随着经济和社会形态的变迁和发展，"倒置"已经持久而广泛存在，再也"顺"不回去了！现在，要件事实分类说的根本性问题已经在司法实践中充分暴露，依据该学说指导证明责任分配规则的制订早已捉襟见肘。

（三）正确确定举证责任分配规则的依据

目前的举证责任分配规则，主要是根据实体法要件事实的分类来分配证明责任，但是实际过程是让被分配的诉辩双方提供证据来证明要件事实，即通过履行举证责任来证明要件事实。这样一来，分配的责任是证明抽象的待证事实的责任，而诉辩双方实际履行的责任是要用证据证明具体的待证事实的责任，所以，分配的责任与诉辩双方实际履行的责任不是一回事，出现了规则走偏的问题。规则走偏了，效果可想而知。

而根据"具体的待证事实"和"抽象的待证事实"的分类，举证责任分配将依据"具体的待证事实"进行，分配给当事人的责任与其实际履行的责任完全一致。证明目的、证明依据和证明方法与证明对象完全吻合，举证责任分配规则的确立和运行就会进入正确的轨道。

第三章

举证责任分配原则的根据

任何一项社会活动都是有目的的，而活动的目的能否实现取决于我们的行为是否适应行为对象的性质和运动规律。所以，为了实现活动目的，我们必须根据行为对象的性质和运动规律，结合目的确立我们的行动准则。诉讼活动也是一样，诉讼中的举证活动还是一样，我们必须发现活动对象的性质和运动规律，并结合诉讼目的确立指导诉讼活动的基本原则。

第一节　举证责任分配原则概述

一、举证责任分配原则的概念和功能

从教科书到论著，从期刊论文到各种论坛发言，举证责任分配原则——现在多使用"证明责任分配原则"——屡屡被翻来覆去地提及和使用，但到底什么是举证责任分配原则？它是干什么的？尤其是如何确定的？鲜有人探讨，似乎这些问题都不是问题，或者一旦提及或探讨，就意味着幼稚和没有学术功底，就要被笑话。或许就是因为存在这样的原因，我们太多的学人失去了刨根问底的精神和勇气，而只是小心翼翼地"站在巨人的肩膀上"做些"锦上添花"的细活，赚一些小彩头，生怕被摔下来。然而，这种心理都是有悖科学精神的，本书在此就要先刨一下根，问一下底。

（一）原则的概念、功能和标准

原则是人们从事一项活动所遵循的基本准则。作为基本准则，原则具有全局性和全程性的规范意义和指导意义，规定和指导着具体的规则和行动。

人们之所以给自己的活动确立原则，是因为人们的活动总是有目的的，而一项活动如果需要长期的或一系列的或多人的不同的行为才能完成，整个活动要达到最终的根本目的，就不能任性而为，就需要根据自己对事物和环境的认识，并围绕根本目的规划行动方案和实施行动。为了不让行动方案和具体行动发生偏离，人们会给整个方案确定基本准则，必要时还要制定具体规则，其中的基本准则就是原则。所以，原则的基本功能就是对整个活动进行总规范和总指导，以确保活动根本目的的实现。

正因为原则要实现以上功能，所以一个正确的合格的原则应该满足以下条件。

1. 规范性

原则作为活动的基本准则，本质上是行为的基本规范。在这个规范之下可以有具体的行为规范，但是具体的行为规范不能违背或超越原则性规范。而且，在具体规范不完备、不明确的情况下，可以直接适用原则性规范，也可以依据原则解释不明确的具体规范。所以，纯粹的主观目的、客观事实和认识原理都不是原则，因为它们不是行为规范，不具有规范性。

2. 普适性

作为原则，应该能够在其运用领域普遍适用，不应该出现片状的或长期性的"例外"。例外只应该是矛盾的特殊性的体现，并蕴含着普遍性的内容。所以，如果出现适用性例外，应该是原则产生的部分客观条件发生了局部或阶段性变化所致，而且这个变化恰恰能够印证确立原则的客观依据的正确性，出现的适用性例外只是原则适用条件置换后的函数而已。一旦离开这个局部和阶段，原则的适用函数又回归到原始状态。

3. 同一维度的唯一性

人类行为是主观意识指导下的一系列身体动作，行为是由主体、意识、动作、对象和环境等多维度因素组成的动态系统，社会行为因为主体多元、利益交往、文化积累等因素而形成维度更加复杂的动态系统。在这个系统中，不同的维度有不同的脉络关系和规律，所以不同的维度可以有不同的原则。主要的维度的原则构成行为系统的原则体系，支撑起行为规范的基本架构。但是，同一个维度只有一个脉络关系和规律，所以同一个维度只能有一个原则，"一山不容二虎"！否则，基本规范就会混乱，就会出现系统内耗，行为就达不到目的，甚至出现"系统崩溃"的问题，无法行动。

（二）举证责任分配原则的概念和功能

举证责任分配原则是人们在诉讼活动中进行举证责任分配时所遵循的基本准则。作为一个法律原则，举证责任分配原则也是举证责任分配"法律的基础性真理、原理，或者是为其他法律要素提供基础或本源的综合性原理或出发点"，[1]规范和指导着诉讼活动中举证责任分配的整个过程和所有方面，包括具体的举证责任分配规则的制定和具体的举证责任分配行为。

举证责任分配的目的在于，通过合理分配举证责任以有效收集证据，查明案情，确保案件的公正及时裁决。那么，举证责任分配原则的功能就是在诉讼中对所有的举证责任分配活动予以总规范和总指导，以确保其目的的实现。

---

〔1〕 张文显主编：《法理学》，高等教育出版社、北京大学出版社2003年版，第96页。

二、举证责任分配原则的根据

原则虽然是人们自己给自己确定的基本准则，但要真正发挥原则的总规范和总指导功能，保障根本目的的实现，就不能随意任性，原则的制定和确立也要有根有据。

（一）原则的根据

人们的行为总是有目的的，没有目的的行为是没有意义的。目的是具体而现实的，目的服从于价值选择，价值选择取决于人们自己的价值体系和对事物的价值判断和定位。目的具有现实性和浅表性，价值具有抽象性和根本性。所以，目的是行为的目的，虽然反映了行为人的价值选择，但并不直接反映行为人的价值体系和价值判断，目的不是价值。所以，原则要保障目的的实现，但体现的却是目的背后的价值选择。

目的是行为的目的，而行为总是人的行为，而且总是要与他人、它物或环境发生关系的，行为能不能达到目的，取决于行为人自身、他人、它物和环境等多方面的因素。在自身和环境状况一定的情况下，如果有他人、它物作为行为对象，对行为对象的认识程度就会决定着行为方式和行为的成功与否。认识的最基本、最重要的内容就是行为对象的本质和运动规律，因为只有这样，人们的行为才能抓住问题本质，才能在过程中运用规律实施行为，使行为具有针对性和有效性。否则，认识的错误、肤浅或片面就会使行为盲目、表面化或偏离方向，最终，要么什么目的都达不到，要么达不到实质目的，要么不能达到整体目的。所以，对行为对象的本质和运动规律的正确认识在人们的行为过程中是至关重要的，这也正是各门科学的任务，也是人类越来越注重科学研究的原因。

所以，虽然原则是人们自己制定和确立的，虽然人们为了实现目的动辄这个原则、那个原则，但真正的原则的制定和确立是要有科学依据和科学内涵的，而不仅仅就是个目的、想法、指示或空洞的口号。

从内容方面看，原则的制定和确立必须根据和体现两个方面的内容：一个是行为人的价值选择；一个是行为对象的本质和运动规律。前者体现行为人的主观意识性，是原则的主观根据；后者体现事物的客观存在性，是原则的客观根据。

（二）举证责任分配原则的根据

举证责任分配是诉讼中必然发生、时时发生和反复发生的对诉讼结果有重大影响的诉讼活动。这样的活动没有原则予以总规范和总指导是不可想象的，举证责任分配原则应该在诉讼法律中予以明确规定。

与所有的原则的根据一样，举证责任分配原则也应该有主观和客观两个根据，只是这两个根据需要结合诉讼和举证责任分配活动的具体情况予以具体化，需要体现举证责任分配的价值选择和实现目的的行为对象的本质和运动规律。

第二节 "公正"和"效益"是举证责任分配原则的主观根据

一、诉讼是解决社会矛盾的活动

"矛盾存在于一切事物的发展过程之中"，"没有矛盾就没有世界"，[1]正是矛盾的作用和一个个旧矛盾的解决，推动着世界和社会的变迁和发展。

---

〔1〕 毛泽东："矛盾论"，载《毛泽东选集》，人民出版社 1969 年版，第 281 页。

社会矛盾的解决方式有三种：一是暴力方式，即矛盾双方靠暴力的战争、决斗等方式以达到一方消灭另一方；二是和平谈判，即双方通过沟通、妥协的方式以达到共存；三是交给第三方裁决，即双方把矛盾呈请共同认可的第三方或国家司法机关审理，以决定双方是非对错和利益的重新分配。第一种解决方式在国家出现以前是矛盾解决的主要方式。国家出现后，统治者为了巩固政权，维护社会稳定繁荣，势必取缔这种时时冲击社会安定的矛盾解决方式，并以自己的价值观或需要评判矛盾双方的对错，为此，设立诉讼制度来实现自己的价值观和需要，以自己的判断解决社会矛盾。所以，"诉讼程序是按照公正而有效地对具体纠纷进行事后的和个别的处理这一轴心而布置的"。[1]诉讼就是以国家司法权为依托解决社会矛盾的活动，也是国家出现后解决社会矛盾的主要方式。

社会矛盾按矛盾双方关系的性质又可以作不同分类，国家对不同性质的矛盾关系具有不同的态度和评判标准，并制定不同的实体法以供遵守。与此相一致，不同性质矛盾的处理方式也不同，并制定不同的诉讼法以供遵循。

其中，民事诉讼解决的是民事矛盾，具体说是平等的民事主体间的财产或人身矛盾；行政诉讼解决的是行政矛盾，具体说是行政管理活动双方的矛盾；刑事诉讼解决的是个人与社会，主要是个人与统治者统治下的国家之间的矛盾。

不同的历史时期，统治者的价值观和需要是不同的，这就导致不同的实体法和诉讼法的产生。现代的法治社会，崇尚民主和政治文明，法追求的应该是现代的"正义的社会秩序"，[2]

---

〔1〕 季卫东："程序比较论"，载《比较法研究》1993年第1期，第16页。

〔2〕 ［美］E.博登海默：《法理学——法律哲学与法律方法》，邓正来译，中国政法大学出版社1999年版，第318页。

而不应成为少数统治者的政治工具。法不应再仅仅取决于少数人的价值观和需求，法的内涵应该发生根本转变。法应取决于社会大众的价值观，并能最大限度地促进生产力的发展。所以，法应取决于社会发展的规律要求，法律规定应能反映其调整对象的发展规律，从而具有科学性，而不是少数统治者的专横恣意。也只有这样，法才具有生命力，只有这样的法才具有真正的现实的正义价值和力量。

解决社会矛盾的诉讼法也是一样，其原则规定和具体规定均应能反映调整对象的发展变化的规律性要求，只有依据这样的法解决的社会矛盾的结果，才能达到现代法治的目的，实现社会的稳定、繁荣。

二、诉讼活动首先是发现事实的过程

与其他解决社会矛盾的程序不同，诉讼活动解决社会矛盾必须依据关于矛盾的事实判断和价值判断。其中价值判断预置为实体法规定，而事实判断则依程序法作出。我国贯穿三大诉讼法的基本原则，即"以事实为依据、以法律为准绳"就是这两个依据的高度概括。

在事实判断与价值判断之间，"事实是前提，是基础和依据，法律是处理案件的标准尺度，离开了正确认定的事实，就缺乏定案的根据，更谈不上适用法律"。[1]"诉讼活动一是为了查明案件事实，二是为了正确适用法律，作出公正的裁判。案件的事实是适用法律的基础，因而诉讼首先是查明案件事实的活动。"[2]所以，诉讼活动的首要任务和基础工作就是发现案件事实。

---

〔1〕 甄贞主编：《刑事诉讼法学研究综述》，法律出版社 2002 年版，第 73 页。
〔2〕 胡锡庆主编：《诉讼证明学》（第 2 版），中国法制出版社 2002 年版，第 2页。

三、诉讼活动发现事实应以再现客观事实为最高标准

"争执事实的真实再现,是实体公正的首要标准……如果脱离开对争执事实状况的客观揭示,实体公正就失去了事实前提。"[1]所以,在假设实体法的价值判断都是正义的情况下,任何片面的、错误的、模糊的事实判断都意味着价值判断的倾斜、错误或无所适从,其结局都将归于实体裁决的不正义。这都将导致社会矛盾的不正当解决,从而使社会矛盾蕴含再生或激化的因子,这便达不到诉讼的解决矛盾的终极目的,也就实现不了正义的价值,不能维护正义的社会秩序。

所以,诉讼活动发现事实应以再现客观事实为最高标准,相关程序法应以发现客观事实为最高目标,并作相应的程序设置。

真理的相对性使前述要求只能成为理想,但它必须是我们应当追求的理想,并实之以现实的行动,即现实的制度设计。那就是:我们的诉讼法必须能保证诉讼主体通过诉讼活动,可以穷尽一切当代认识手段而最大可能地发现客观事实。因为"如果在诉讼过程中能够发现案件的客观真实情况是最好不过的事情"。[2]但在程序用尽之后的事实才是我们据以作出价值判断的依据,这穷尽一切程序手段之后的事实不妨称之为法律事实,谓之"通过诉讼程序最终认定的事实"。[3]但不用时下多用的"法律真实",因为"事实"本就是真实情况。

---

〔1〕 肖建国:《民事诉讼程序价值论》,中国人民大学出版社 2000 年版,第 328 页。

〔2〕 樊崇义主编:《刑事诉讼法原理与适用》,中国人民公安大学出版社 2001 年版,第 32 页。

〔3〕 樊崇义主编:《刑事诉讼法原理与适用》,中国人民公安大学出版社 2001 年版,第 29 页。

在此，我们切不能因为有了法律事实的概念和证明要求，就忘记了我们的最高目标，并进而不去为了这一目标致力于最优的诉讼程序地设置和运用。我们不能以此为借口，强调诉讼活动履行完了既有诉讼程序就完成了事实判断，以为法官可以从原来的"以事实为依据"中解放出来，终于可以松口气了。所以，法律事实的概念只能作为诉讼证明的客观结果使用，而不能作为诉讼的目的概念使用，我们的诉讼证明的目的应该是最大可能地发现客观事实。[1]但我们总的指导原则仍然可以是"以事实为依据"，只是这一原则应理解为：在立法上以发现客观事实这一目标作制度设计，在司法上以发现法律事实作现实处理。而举证责任分配的基本原则的设计应属于立法上的事，这一原则的确立应以最大可能发现客观事实为目标。

四、发现事实需要分配举证责任

案件是当事人之间互动的过程，案件事实的信息流动发生在当事人互动的过程中，案件事实的信息是什么、在哪里，当事人最清楚。法官是案件纠纷的审理人和裁决者，法官不是案件的经历者或见证人，并不知道案件的事实，即便可以依职权调查取证，也不是最大限度地发现客观事实的有效和最佳方法，有效的最佳方法当然是让案件当事人主动提供证据。所以，为了最大限度地发现案件事实，就要促使当事人提供证据，为此就要在当事人之间分配举证责任，如果当事人不能完成举证责任，就要承担举证不能的责任。所以，举证责任分配的直接目的是有效地查明案件事实，查明案件事实也需要分配举证责任。

---

〔1〕 何家弘："论司法证明的目的和标准"，载《法学研究》2001年第6期，第52页。

五、"公正"和"效益"是举证责任分配原则的主观根据

（一）举证责任分配的价值选择取决于相关法律的价值选择

举证责任分配的直接目的是查明案情，这个目的服从于分配行为人的价值选择，实施举证责任分配的行为人是法官。法官是国家设立的依法解决社会纠纷的专门机构中的专门人员，法官的诉讼行为的价值选择取决于立法者的价值选择。立法者的价值选择反映了立法者的价值体系和立法者对司法活动的价值判断，并通过法律的形式表达出来。所以，法官的价值选择取决于相关法律的价值选择，那么举证责任分配的价值选择就取决于相关法律的价值选择。

（二）正义是法律的最高价值

法律作为社会治理的最重要的行为规范体系，服务于整个社会治理的需要，法律的价值选择服从于人类社会的价值选择。"正义是社会的首要价值，正像真理是思想体系的首要价值一样。一种理论，无论它多么精致和简洁，只要它不真实，就要加以拒绝和修正。同样，某些法律和制度，不管它们多么有效率和有条理，只要它们不正义，就要加以改造或废除。"[1]罗尔斯的这段经典论述，笔者深为首肯。人类社会的最高价值是正义，法律的最高价值无过于正义，正义也是法律的恒久追求。这一价值追求应当贯穿于整个法治体系中，并体现在法律制度和司法实践中。

（三）正义和正义的内涵

约翰·罗尔斯在《正义论》中，在传统契约论的基础上提出人类社会原初状态的假设，提出"作为公平的正义的主要观

---

[1] 参见［美］约翰·罗尔斯：《正义论》，何怀宏、何包钢、廖申白译，中国社会科学出版社1998年版，第1页。

念",并提出和论证了著名的正义的两个原则,即平等自由原则和机会平等及差别原则,[1]全书就是对这两个原则展开论证的。所以,罗尔斯的《正义论》实际上是"公平论",这个"正义论"是不全面的。

科学告诉我们,正义是人类社会独有的价值,这是由结成人类社会的人的智慧特质和社会群体结构决定的,截至目前发现的任何自然动物都不会同时具备这两个条件。也正是因为这个原因,人类社会需要有和才会有对正义的社会关系状态的价值追求,正义的内涵和实现才有现实的基础和可能。

历史告诉我们,正义的内涵是随着社会的变迁而变化的,人类历史上曾经不断出现过相对于过去的符合正义价值的社会形态。在人类的原始状态下,每个人和每个群体时刻面临来自自然的或其它族群的生存安全威胁,安全是最大的需求,符合安全利益的习惯是人类的最重要的"法律"。杀害如今的珍稀动物,以减轻对族群的安全威胁或向族群提供肉食,是英雄的正义之举,而如果这个人收藏了被杀害的动物肉留给自己独食,则是要受到谴责和惩罚的非正义之举。在安全和生存问题解决后,人们开始憎恨剥削和压迫,开始追求平等和同样的富足,坐拥土地和特权获得收益的大部分被认为是不公平的和不正义的。对于斯巴达克领导的起义、《人权宣言》和孙中山领导的起义,后来者没有人否定它们的正义性。如今,人类已经不满足于物质上的基本满足、形式上的平等,开始追求富足、尊严、安宁和干净的生活环境。坐拥资本或行政权力操纵或垄断收益分配,被认为是不公平的或不正义的,对人乃至野生动物的一切形式的杀戮,也已经越来越失去正义性。未来的某一天,人

---

〔1〕 参见 [美] 约翰·罗尔斯:《正义论》,何怀宏、何包钢、廖申白译,中国社会科学出版社 1998 年版,第 1、56~61 页。

类可能难以想象我们今天的贫富差距，难以想象我们今天在大自然中的大规模"建设"，难以想象小小的地球上居然有这么多国家，难以理解这些情况为什么没有受到谴责、抵制和改变，正义的内涵恐怕是今天的我们难以理解的。

所以，正义是人类社会基本需求的观念化表达！正义的社会关系状态一定是顺应社会基本需求的状态！社会的基本需求基于全体成员的个体需求和社会发展的程度，并在根本上受制于社会发展的程度。社会发展是遵循自然历史规律的，社会的基本需求也必然遵循自然历史规律，正义观念的变化也必然遵循自然历史规律，正义的一定是合规律的。合规律性在认识层面的内容就是合理性，合理性是合规律性的观念化表达。

正义是人类社会的价值，是群体的共同价值，社会性是正义成为必要和得以产生的主体基础，荒岛上的鲁滨孙做的任何事情与正义都没有半点关系。社会性要求社会和社会成员之间的关系能够有利于社会和社会成员的需求的实现，因而要有一个价值观念作为指针，要有一套规范来调整社会关系和由这些规范搭建而成的社会结构。这些规范在原始状态的社会主要是习惯，在国家社会中主要是法律。当这些规范符合正义观念时，我们会说它们是正义的，否则就是非正义的。当社会组织或社会成员的行为符合这些规范时，我们会说他们是正当的，否则就是不正当的。正当性是正义规范的符合性，在现实社会中，正当性往往就是规范的符合性。

社会性需要规则和结构作为支撑，规则和结构的形成则需要社会成员之间的利益平衡。利益平衡是社会成员在特定的社会生产生活条件下资源占有能力的平衡。没有这种利益平衡，规则和结构就会被不断打破，社会就会失去稳定，社会族群的整体利益就会随时受到威胁或破坏。所以，凡是有利于形成或维持这种利益平衡的就是有利于整个社会的，就是正义的，否则就是非正义的。正义与非正义是相对于社会整体而言的，就具体的社会关系而言，公平与否是对利益平衡关系的直接反映和描述。符合利益平衡要求的，我们会说是公平的，否则就是不公平的，而不是正义的或非正义的。

正义是人类社会整体的最高价值，正义是人类社会基本需求的观念化表达，正义的形成、存在和实现需要社会规则和社会结构的支撑，社会规则和社会结构的形成、存在和实现需要社会成员之间的利益平衡。人类社会的基本需求是正义的起点和归宿，社会规则和社会结构是正义的现实基础，利益平衡是正义的动力机制，这三个方面构成了正义赖以形成、存在和实现的实体要素，它们的观念化表达即合理性、正当性和公平性是正义的三个内涵和要素。

所以，正义作为人类社会的最高价值，是人类关于作为人的自然生命在结为人类社会的经济、政治和文化生活中的合规律利益平衡状态的观念。正义的内涵包括合理性、正当性和公平性，其中合理性是合规律性的反映，正当性是人的社会性的反映，公平性是利益平衡的反映。

正义之所以被认为"有一张普罗修斯似的脸（a Protean face）"，[1]除了认识主体因为生活环境、个人素质、人生经历等原因而有不同看法之外，另一个重要原因是人们的价值体系结构不清晰，甚至混乱，一些相关的词语多是这些内涵的分解、延伸或混合。比如"公正"就是最典型的一个，一般会将其理解为"公平、正义"，这样的理解放到人类价值体系中就会出现不同价值阶位的价值混合，因为正义是最高阶位的价值，公平

---

〔1〕〔美〕E. 博登海默：《法理学——法律哲学与法律方法》，邓正来译，中国政法大学出版社 1999 年版，第 252 页。

是第二阶位的价值，而且只有正义价值的部分含义。如果理解为"公平、正当"，则是同一价值阶位的价值混合，因为公平和正当都是第二阶位的价值，都是正义的内涵。

"平等""自由""秩序""安全""效益"也往往被认为是重要的价值，甚至是最重要的价值。实际上，"平等""自由""秩序""安全"都是关于人与人之间关系状态的价值，都可以纳入人的社会性价值分系统中，往往体现在一些道德规范或法律规范中，都是正当性的内涵。比如，大凡导致不平等、不自由、社会动乱或暴力杀戮的事件，我们都会在规范层面作出评价，都可以说是不正当的事件，而不会说是不正义的事件。但也不好说是不公平的事件，即便不平等会导致不公平，但不平等只是不公平的原因，却不是不公平的内涵。"效益"则是利益衡量的指标，属于利益平衡价值分系统的公平性内涵。比如，没有效益，公平无从谈起；有了效益，就涉及谁的效益、效益大小和什么时间取得等，所以不应有的效益、该有而没有的效益，和未及时取得的效益如"迟到的公平"都不是公平。

（四）"公正"和"效益"是举证责任分配的价值选择

举证责任分配是一种诉讼行为，应当服从于诉讼法的价值选择。目的体现价值选择，诉讼法的价值充分体现在相关法条规定的目的或任务中。

《民事诉讼法》第2条规定："中华人民共和国民事诉讼法的任务，是保护当事人行使诉讼权利，保证人民法院查明事实，分清是非，正确适用法律，及时审理民事案件，确认民事权利义务关系，制裁民事违法行为，保护当事人的合法权益，教育公民自觉遵守法律，维护社会秩序、经济秩序，保障社会主义建设事业顺利进行。"法条中的任务逻辑是，通过当事人的诉权保护和法院的审理权保证，使案件得到正确、及时审理，最终保护当事人的权益、维护社会秩序、保障社会主义事业地顺利进行。可见，正确、及时审理民事案件是民事诉讼法的价值选择。

《刑事诉讼法》第1条规定了该法的目的和根据："为了保证刑法的正确实施，惩罚犯罪，保护人民，保障国家安全和社会公共安全，维护社会主义社会秩序，根据宪法，制定本法。"此目的条款通过保证《刑法》的正确实施，以达到保护人民、保卫国家和社会的目的。第2条规定了该法的任务："中华人民共和国刑事诉讼法的任务，是保证准确、及时地查明犯罪事实，正确应用法律，惩罚犯罪分子，保障无罪的人不受刑事追究，教育公民自觉遵守法律，积极同犯罪行为作斗争，维护社会主义法制，尊重和保障人权，保护公民的人身权利、财产权利、民主权利和其他权利，保障社会主义建设事业的顺利进行。"此任务条款，通过保证准确、及时查明犯罪，正确应用法律，达到保护权利、保障人权、保障社会主义事业的目的。同样可见，正确、及时审理刑事案件是刑事诉讼法的价值选择。

《行政诉讼法》第1条规定了目的："为保证人民法院公正、及时审理行政案件，解决行政争议，保护公民、法人和其他组织的合法权益，监督行政机关依法行使职权，根据宪法，制定本法。"此目的条款通过保证法院对行政案件的公正、及时审理，达到保护行政相对人的合法权益、监督行政权的目的。公正、及时审理行政案件的价值选择已经在条文中明确表述。

所以，我国三大诉讼法的价值选择基本上是一致的，即案件审理的正确或公正、及时。其中，"正确"属于真理性范畴，可以归入人类的最高价值"正义"之下的合规律价值分系统的合理性内涵中，在对"公正"一词作"公平、正义"的混合理解时，也可以归入"公正"的价值内涵中。"及时"属于时间效益范畴，可以归入"效益"的价值内涵中，因而也属于"公平"的内涵。可见，三大诉讼法的价值选择存在价值体系模糊的现象，这反映了我国对价值研究，尤其是对法律价值及其体系研究的不足。

不过，考虑到法律界乃至公众对"公正""效益"词语含义的大体一致的理解和接受程度，结合立法者的用意，用"公正"和"效益"两个词汇表达三大诉讼法的价值选择是比较妥当的。正确的审理和裁决意味着公正，不正确的审理和裁决当然是不公正的，所以正确是公正的应有内涵。及时的审理和裁决意味着诉讼效益，否则就没有效益，所以及时是效益的应有内涵。这里之所以不用效益的上位范畴"公平"，是为了避免与已经混合了的"公正"再次混淆，同时能够比较明确地表达立法者关于时间效益的要求，因为通常情况下，"效益"除了"经济效益"还包括"时间效益"。

综上所述，举证责任分配在查明案情的直接目的的背后，是立法者规定的因而也是法官的"公正"和"效益"两个价值选择的结果，这两个价值就是举证责任分配的主观根据。

第三节　证据的本质和分布规律是举证责任分配原则的客观根据

一、公正价值的实现有赖于对证据的本质和运动规律的正确认识

"公正"和"效益"两个价值虽然是举证责任分配原则的主观根据，但是要实现这两个价值，却不仅仅是主观方面的事。如前所述，价值要体现在行为目的上，而行为目的的实现却需要对行为对象的本质和运动规律有正确的认识，所以原则的制定和确立还需要有客观根据。

举证责任分配原则的制定和确立也是这样。我们不妨从公正价值出发进行倒推。第一，对任何诉讼而言，公正的裁决都有赖于正确的事实认定，事实认定错误，公正就无从谈起。第二，正确的事实认定有赖于证据的全面收集和正确辨析，证据不全面，案件事实就不全面、不清楚。第三，证据的全面收集有赖于正确的举证责任分配，举证责任分配错误，持有证据的一方却无需提交证据，没有证据的一方却被要求提交证据，不但证据不可能被全面收集，还会让当事人在举证责任分配环节感受到不公正。第四，正确的举证责任分配有赖于对诉辩双方占有的证据资源的正确判断，举证责任分配的直接目的就是要持有证据的当事人积极提交证据，对证据资源占有情况判断错误，分配就会错误，仍然会出现既不能全面收集证据，又让当事人感受到不公正的情况。第五，对证据资源占有状况的正确判断必须依据对证据的本质和运动规律的正确认识，不知道证据的本质和运动规律，当然无从知晓证据在案件发生发展过程中会运动到哪里，就不知道哪一方会持有什么证据。所以，公正裁决最终还是要依赖于对证据的本质和运动规律的把握，证据的本质和运动规律是举证责任分配原则的客观根据。

二、事实发现需要以证据本质和运动规律的正确认识为科学根据

仅仅从案件事实发现的角度看，也会得出同样的结论：证据的本质和运动规律是举证责任分配原则的客观根据。

诉讼中的事实发现是诉讼的基础工作，是正确裁决案件的前提。事实证明问题是科学问题，不是价值问题。同样，诉讼案件事实的证明问题也是科学问题，不是价值问题。科学问题就要用科学方法解决，科学方法的前提是科学理论，即关于研

究对象的本质和运动规律的理论。证明事实的依据是证据，证据是诉讼参与人在事实证明活动中的基本工具和行为对象，证据的本质及其运动规律就是证据科学的研究对象。所以，为了正确和有效地发现和使用证据，我们就要研究证据的本质和运动规律。

需要讨论的是证明责任的双重含义说，该说认为证明责任的本质是败诉责任负担。[1]姑且不论该说的缺陷，作为行为意义上的证明责任，举证的目的和作用就是证明案件事实。作为结果意义上的证明责任对行为意义上的证据提供，具有直接的指示作用，主旨仍然在于促使当事方积极收集和提供证据，使争议事实真伪明晰，而不是消极地等待责任分配和后果承担。所以，举证责任制度本质上还是案件事实的证明制度，而不是简单的片面的败诉风险的分担制度，[2]举证责任问题是科学问题，而不是价值问题。

即便完全从结果意义上看，举证责任也并不是价值调整的结果，不是在真伪不明的情况下从公平、效率等价值出发分配不利后果，而是要追溯到提供证据环节，判断谁该提供证据，并由该提供证据的一方承担举证不能的后果。在判断谁该提供证据，即谁该是行为意义上的举证责任主体时，才涉及是从公平或效率出发，还是从事实证明出发的问题。从公平或效率出

---

〔1〕 关于举证责任的概念和含义，宋世杰教授早在 2007 年就罗列出 16 种定义，并认为当事人的举证责任是包括司法机关的证明责任和其他诉讼参与人的说明责任在内的三种证明责任完成的纽带和基础，同时举证责任具有双重含义，且举证责任的行为责任（主观责任）和结果责任（客观责任）统一的。参见宋世杰："论举证责任及其科学概念的表述"，载《河北法学》2007 年第 24 期，第 57~58 页。关于举证责任的双重含义及其关系，又参见李浩：《民事证明责任研究》，法律出版社 2003 年版，第 17~34 页。

〔2〕 关于"证明责任制度的本质"参见李浩主编：《证据法学》，高等教育出版社 2014 年版，第 216 页。

发就是从价值出发，即认为举证责任是价值问题；从事实证明出发就是从科学出发，即认为举证责任是科学问题。目前的举证责任分配学说并没有有意识地从这里分野，而几乎都是在证明结束的时点从价值出发展开的，这与举证责任制度是事实证明的制度的理念是背道而驰的。[1]科学问题应该用科学方法解决，用价值的方法是没有用的，否则甚至会出现与价值追求相反的结果。正如博登海默所言："先进的法律制度往往倾向于限制价值论推理在司法过程中的适用范围，因为以主观的司法价值偏爱为基础的判决，通常要比以正式或非正式的社会规范为基础的判决表现出更大程度的不确定性和不可预见性。"[2]所以，举证责任分配问题作为事实证明环节的问题，应该用科学方法而不是价值方法解决，即应该探寻证据的本质及其分布规律并确定解决方案。从事实发现角度来看，举证责任分配原则的客观根据同样是证据的本质及其运动规律。

三、证据分布规律是举证责任分配原则的直接客观根据

证据运动从不同的时空角度看有不同的方面和环节，那么不同的目的就需要研究相关的方面和环节，这样才能使行为精准而有效。举证责任分配的直接目的是发现事实、查明案情，所以，首要任务是全面收集证据。分配举证责任就是要让当事

---

〔1〕 真正的公平与事实也是分不开的，公平的判断常常基于事实的判断。比如所谓举证能力问题，如果考虑当事人的经济、身体或知识情况，则这些情况是判断者进行公平考量时所依据的事实；如果考虑当事人与证据运动的关系，比如某些学说中的证据距离，则证据距离事实就是判断者进行公平考量时所依据的事实。其中，前一种考量重心在人，是纯粹的价值思维；后一种考量的重心在事，实际上是科学思维。

〔2〕 ［美］E.博登海默：《法理学——法律哲学与法律方法》，邓正来译，中国政法大学出版社1999年版，第504页。

人积极提交其持有的证据，为了正确分配这个举证责任，对证据在当事人之间的持有情况的正确判断就是关键，这就涉及证据运动的空间方面，具体而言是证据在当事人之间的分布。证据运动包括证据的产生、转移、灭失等过程，和形式、空间等方面，不同的方面有不同的关联物，因而有不同的规律。那么，为了正确判断证据在当事人之间的持有情况，证据在当事人之间的分布规律就是我们要研究的举证责任分配原则的具体的、直接的客观根据。

第四章
证据的本质

第一节　证据本质的有关表述和评析

诉讼案件都是已发生的历史事件，再现案件事实就是再现历史事实。历史是无法重复的，再现历史事实必须通过关于历史事件的记录进行。这个记录就是历史事实的证据。由于诉讼活动的首要任务和基础工作就是发现案件事实，所以收集和分辨证据就成为诉讼活动的首要任务和基础工作，证据是诉讼活动的基本对象。

证据为什么能揭示案件事实？这就必须研究证据的本质及其与案件事实之间的关系，而不能简单地停留在上面有关记录的一般理解上，因为我们必须通过对证据本质和运动规律的研究确立我们的基本原则，寻找收集证据和分辨证据的可行方案。

证据的本质是什么，在诸多关于证据问题的文章或著作中，笔者尚未发现有着意论述此问题的，似乎这个问题早就已经解决了。其实不然，注意一下证据概念的不同表述和证据规则的五花八门的论述或规定就可以看出，证据的本质问题我们还远未解决。

一、证据本质的有关表述

"我国法学中的证据观是不统一的，出现了两种证据观并存的局面，即形式证据观和实质证据观。"〔1〕实际上，结合有关法学教材和法律法规关于证据的表述，并参考国外有关法律表述，〔2〕关于证据的本质大约有下述六种观点。

1. 实质证据观，即认为证据是一种事实

"民事证据是在民事诉讼过程中能够依法定规则证明案件真实的一切事实。"〔3〕前述引用的《行政诉讼法学》也持相同观点。

李浩教授主编的最新的"十二五"普通高等教育本科国家级规划教材也持同样的观点，认为"从诉讼的角度说，证据是指能够证明案件真实情况的各种事实"。〔4〕

2. 形式证据观，即认为证据是事实的反映形式

我国《民事诉讼法》第 63 条就是这种观点的最佳表述："证据包括：（一）书证；（二）……证据必须查证属实，才能作为认定事实的根据。"我国《行政诉讼法》第 33 条作了同样规定："证据包括：（一）书证；（二）物证；……"我国现行《刑事诉讼法》第 48 条直接规定："可以用于证明案件事实的材料，都是证据。证据包括：（一）物证；（二）书证；……"可见，我国现行三大诉讼法都把各种证据材料看作证据，这是形式证据观。毕玉谦教授领衔所著《中国证据法草案建议稿及论证》第 3 条则将证据明确定义为"凡当事人提出的用于证明或者有

---

〔1〕　皮纯协、稽子明主编：《行政诉讼法学》，警官教育出版社 1990 年版，第 177 页。

〔2〕　这里之所以用"表述"一词，是因为很少有着意论述证据本质的，只是在定义或法律条文中一带而过。

〔3〕　叶自强：《民事证据研究》（第 2 版），法律出版社 2002 年版，第 5 页。

〔4〕　李浩主编：《证据法学》（第 2 版），高等教育出版社 2014 年版，第 2 页。

助于证明本方提出的关于事实的主旨的材料，都是证据"。[1]

美国《加州证据法典》第 140 条规定："证据是指证言、文书、物证或其他可感知的物，这些物被提供来证明一个事实的存在或不存在。"[2]很明确证据是"可感知的物"，即证据材料。俄罗斯联邦《刑事证据法》第 69 条规定"调查机关、侦查员和法院依照法定程序据此判明危害社会行为是否存在和实施该项行为的人是否有罪的任何实际材料以及对于正确解决案件具有意义的其它情况，都是刑事案件的证据。"[3]该条款更明确地指出证据就是材料。

3. 实质与形式统一观，即认为证据既是事实又是形式

如我国 1979 年《刑事诉讼法》第 92 条规定："证明案件真实情况的一切事实都是证据。证据有下列七种：（一）物证、书证；（二）证人证言……以上证据必须经过查证属实，才能作为定案的根据。"该条将前述两种观点相统一，证据既是事实，也是证明材料。我国早期由巫宇甦主编的高等学校法学《证据学》试用教材，显然持这种观点，认为"将证据事实的内容同它藉以表现的形式割裂开来，也是不科学的"。[4]

4. 根据观，即认为证据是证明案件事实的根据

"诉讼证据，是审判人员、检察人员、侦查人员等依照法定的程序收集，并审查核实，能够证明案件真实情况的根据。"[5]

---

[1] 毕玉谦、郑旭、刘善春：《中国证据法草案建议稿及论证》，法律出版社 2003 年版，第 31 页。

[2] 转引自何家弘、张卫平主编：《外国证据法选译》，人民法院出版社 2000 年版，第 101 页。

[3] 转引自何家弘、张卫平主编：《外国证据法选译》，人民法院出版社 2000 年版，第 154 页。

[4] 巫宇甦主编：《证据学》，群众出版社 1983 年版，第 71 项。

[5] 樊崇义主编：《证据学》，中国人民公安大学出版社 2001 年版，第 46 页。

较早出版的民事诉讼法普及教材《新民事诉讼法讲话》持同样观点，认为证据"是在民事诉讼过程中用来确定案情的根据"。[1]

何家弘教授主编的《证据法学研究》仍然持"根据观"，认为"证据就是证明案件事实或者与法律事实有关之事实存在与否的根据"。[2]奇怪的是，该书的这个观点与其后专门探讨的证据本质的观点大相径庭。该书还明确表明："证据的本质是信息和载体的统一体，它具有知识性、不守恒性、依附性、脱体性的基本特质。"[3]反映出认识的混乱和逻辑上的不一致。

江伟教授主编的权威《民事诉讼法学》教材则认为，"证据是指能够证明民事案件真实情况的各种事实，也是法院认定有争议的案件事实的根据"。[4]证据既是事实，也是根据，干脆放在一起了。

5. 信息观，即认为证据是与案件事实有关的信息

陈界融认为："证据是能够用以证明案件事实的信息，该信息的载体即是证据方法，不同的科技发展水平、不同的社会制度有着不同的证据制度。"[5]即明确认为证据是一种信息。

《人民法院统一证据规定（司法解释建议稿）》（下称《统一证据规定建议稿》）[6]第14条规定："证据是与案件事实有

〔1〕　杨荣馨主编：《新民事诉讼法讲话》，中国政法大学出版社 1991 年版，第 69 页。

〔2〕　何家弘主编：《证据法学研究》，中国人民大学出版社 2007 年版，第 84 页。

〔3〕　何家弘主编：《证据法学研究》，中国人民大学出版社 2007 年版，第 300 页。

〔4〕　江伟主编：《民事诉讼法学》（第 4 版），高等教育出版社 2013 年版，第 166 页。

〔5〕　陈界融：《证据法学概论》，中国人民大学出版社 2007 年版，第 43 页。

〔6〕　法释〔2008〕129 号，2008 年 4 月 1 日公布。试点法院有北京市、云南、山东、吉林和广东省等高级人民法院。

关的任何信息。"该规定也反映了我国最高司法机关对证据的信息本质的认识。

英国《民事诉讼规则与诉讼指引》第 31.4 条"书证的界定，在本案中 a.'书证'指记载任何描述信息之事物"，第 35.9 条"法院责令当事人提供信息之权力，一方当事人可以接近另一方当事人不能合理接近的信息时，法院可以责令能够接受有关信息的当事人……"〔1〕不难看出，在英国立法者看来证据是一种信息。

6. 手段观，即认为证据是查明案件事实的手段

我国最早的民事诉讼法学高等院校法学教材之一是这么定义证据的："凡是能够证明案件真实情况的客观事实，都是法律规定用以查明案件事实的手段，这种手段就是诉讼证据。"〔2〕

以上是关于证据本质的几种主要观点，另外还有"原因说""结果说"等不一而足〔3〕。

二、证据本质的有关表述评析

"这两种（指上述 1、2 两种）证据观并存的局面造成了我国证据的三十余年的争论，要结束这场争论就只有确定统一的、科学的证据观。"〔4〕现在是要结束至少 6 个观点的争论，我们须有一个科学的、统一的证据观。只有科学的才能统一，因为真理具有唯一性，所以统一须建立在科学的基础上。那么这 6 种观点，哪一种更科学呢？

---

〔1〕 转引自何家弘、张卫平主编：《外国证据法选译》，人民法院出版社 2000 年版，第 130 页。

〔2〕 紫发邦主编：《民事诉讼法教程》，法律出版社 1983 年版，第 20 页。

〔3〕 巫宇甦主编：《证据学》，群众出版社 1983 年版，第 71 页。

〔4〕 皮纯协、稽子明主编：《行政诉讼法学》，警官教育出版社 1990 年版，第 177 页。

　　第一种观点，这里在对其进行评析之前有必要先谈谈事实的概念。根据《现代汉语词典》"事实：事情的真实情况"，而事情是"人类生活的一切活动和所遇到的一切社会现象"。所以，事实的最基本定义可表述为"人类生活中的一切活动和所遇到的一切社会现象的真实情况"。在诉讼中，案件事实就是当事人在导致案件发生的过程中的一切活动和所遇到的一切社会现象的真实情况。那么从定义上看，我们很容易发现第一种观点命题上的逻辑问题，事实就是真实情况，真实情况就是事实，二者是全同关系。该观点用未知事实来定义已知事实，必然导致循环定义。比如，我们要反过来定义未知事实即"案件事实"，则只能表述为"是用证据（已知事实）证明的案件真实情况（未知事实）"，这等于没说。逻辑上的问题反映出我们认识上的问题，说明我们尚未揭示证据的本质及其与待证事实之间的关系。

　　从认识论上看，事实还不具有对事实的反映性，虽然它可以反映事物的本质或运动规律。因为事实是事物的运动状况和有关现象本身，未脱离事物而独立存在，它本身尚待我们去认识。已知事实均是我们认识的结果，均需我们通过对证据进行分析判断得到。所以，说证据是事实就意味着证据是事物及其运动状况本身或本身的一部分，即已知部分，这种事实是不具有案件事实的反映性的。比如，欠条的内容直接反映当事人之间的欠款事实，但欠条的内容是欠款事实的反映，却不是事实本身。也正因如此，虽然这一证据观言之凿凿，但它相应的证据概念并未对证据的获取、运用及其相关规则的制定起到指导作用，有关举证责任分配规则的制定与这一概念之间并无联系，概念与规则呈现相互独立的"两张皮"状态，这一状态显然不符合马克思主义认识论中认识与实践之间相互关系的论断。所以，由此也可以说我们五花八门的证据规则乃是对我们尚未把握证据本质及其运动规律的最好注脚。

第二种观点本身就是从形式上说明证据本质的，从认识论角度看，它等于在现象层次上揭示本质，就如说作为物证的凶器的本质就是凶器一样，自然无法揭示证据的本质。我国现行三大诉讼法采统一的形式证据观，反映了证据理论上的探索没有进展的现状，立法上的统一有利于避免司法实践对证据称谓或表述的混乱使用，也与实践操作中的做法相吻合。但立法的统一并不意味着证据观的统一，更不意味着立法表述反映的证据观的正确，相反倒是一种注重实践回避本质争论的实用主义选择。

第三种观点简单合并了前两种观点，是对前两种观点的调和，反映了对证据本质认识上的模糊不清，也是当初立法上的权宜之举。不过，这种观点现在已经基本上被抛弃了。

第四种观点的表述是从证据的功能角度下定义的，是"顾名思义"，可以揭示证据的功能，但不能揭示证据的本质。"根据"是表达事物之间关系状况的词汇，在任何情况下，"根据"都不会成为一个事物的本质。另外从命题角度看，该定义还犯了同义反复的逻辑错误，从定义中我们除了感觉到意思重复外，得不到关于证据的进一步的信息和更清晰的深刻的认识，该定义对认识证据本质没有意义。

第五种观点直接用科学概念揭示证据本质。从认识论角度看，由于"信息是事物表象、本质、特征和运动规律的反映。信息是客观事物与认识主体的中介"，[1]而证据就是用来证明案件事实的，证据正是我们认识案件事实的中介。这个中介在本

---

〔1〕 邹志红主编：《信息学概论》，南京大学出版社 1996 年版，第 8 页。

质上只能是信息，所以这个观点是科学的，在哲学层次上揭示了证据的本质。所憾这个观点显然未得到完整的、系统的、理性论述和发扬。所以只零星地散见于少数诉讼法学者的论述和英国证据法个别条文中，从而不能对证据理论及其立法产生实质影响。

第六种观点把证据和用证据来证明的手段混为一谈，显然是错误的。

第二节　证据的本质是信息

一、信息的概念、特征和功能

科学是人类进步过程中最活跃的、最无法拒绝的力量，它不但在加速推动物质世界的变革，还在加速变革着我们的主观世界。关于世界的构成，人类早已走出了水与火的朴素的世界观。当代科学认为，"物质、能量、信息是构成客观世界的三个基本要素"。[1]而且，信息社会已经到来，并在快速发展。那么，信息又是什么呢？

（一）信息的概念

最早的信息论创立者申农认为，"信息是主体能够用来消除不确定性的东西"。与信息论密切相关的控制论创立者维纳认为："信息是我们适应外部世界并且使这种适应为外部世界所感到的过程中，同外部世界进行交换的内容的名称。"[2]

我国有将信息从不同层次予以定义的，比如，从本体论层次定义为"就是事物运动的状态和方式，也就是事物内部结构

---

〔1〕 邹志红主编：《信息学概论》，南京大学出版社1996年版，第1页。

〔2〕 转引自邹志红主编：《信息学概论》，南京大学出版社1996年版，第1页。

和外部联系的状态和方式"。[1]从认识论层次定义为"指该主体所感知的或该主体所表述的相应事物的运动状态及其变化方式，包括状态及其变化方式的形式、含义和效用"。[2]另有认为信息"是事物之间相互联系、相互作用的状态的内容的描述"。[3]

如此看来，信息的定义也是无法统一的。但有几点可以肯定，即信息是一种客观存在，是在能被感知的物质运动中留下的那种东西，它能使我们去除对认识对象认识中的不确定性。

与信息的定义情况相反，对信息的特征和功能的认识却基本上是一致的，其原因恐怕在于各种定义所指的都是那种东西，其外在特征和功能还是易于把握的。

（二）信息的特征和功能

一般认为，信息有如下特征：

（1）普遍性，即凡有物质及其运动的存在就有信息的产生；

（2）无限性，物质的无限性和物质运动的无限进行而使信息无限；

（3）依附性，即信息需要依附于物质载体；

（4）共享性，同一内容的信息可在同一时间或不同时间为两个或多个人共同获得使用；

（5）可识别性，即可被人类感知、度量、识别，包括可伪性和不完全性；

（6）可处理性，包括可储存、可累积、可转换；

---

〔1〕 钟义信：《信息科学原理》，北京邮电大学出版社1996年版，第38页。这一定义与事实的定义没什么实质差别，更能反映事实就是事物运动本身，不具有反映性。

〔2〕 钟义信：《信息科学原理》，北京邮电大学出版社1996年版，第38页。实际上，关于信息的所有研究工作正是在认识论层次上进行，考察信息定义的原因在于我们是要通过认识信息把握事物运动。

〔3〕 甘衍初主编：《信息资源管理》，经济科学出版社2000年版，第2页。

（7）可传递性，包括时间上和空间上的传递。

而信息的功能是：对人类来说，是人们认识物质及其运动的中介，它能使人们消除对认识对象认识中的不确定性。

二、证据的本质和概念

辩证唯物主义告诉我们，事物的本质由事物的内部矛盾结构包括主要矛盾和矛盾的主要方面决定，并表现为事物的外部特征和功能。所以，要揭示证据的本质也应由表及里地进行。

1. 证据的特征是信息证据化的条件

证据具有客观性、关联性和合法性三大特征几乎是整个法学界的通说。应该说这是对各国多年来司法实践的总结，具有高度的概括性和实用性。用这三大特征来识别证据的证据力不会有错，之所以如此，盖因这三性的确反映了诉讼证据的本质特征。

那么，信息是不是也有相同的特征呢？

（1）客观性，"即证据是客观存在的，不以人们的主观意志为转移的事实"。[1]证据的客观性指出证据是（或应该是）一种客观存在，这种客观存在是因案件发生、发展而产生并遗留的，所以证据不是人脑去臆测、想象、判断、推理的结果。而信息作为被感知的事物的运动状态和方式，是客观世界的三大要素之一，当然具有客观性。

（2）关联性，即证据必须是"与案件有内在联系的客观事实，在不同程度上对确认案件事实有证明作用"。[2]毫无疑问，信息具有这种关联性，因为信息就是产生于事物的运动过程，是运动作用于周围事物的结果，并因而反映事物的运动过程。

（3）合法性，指证据是"经法定机关和法定人员依照法定

---

〔1〕 曾庆敏主编：《精编法学辞典》，上海辞书出版社 2000 年版，第 515 页。
〔2〕 曾庆敏主编：《精编法学辞典》，上海辞书出版社 2000 年版，第 515 页。

程序收集和确认的客观事实"。[1]合法性是法律对能够作为认定案件事实的诉讼证据的要求。信息要作为证据进入诉讼被作为认定案件事实的根据当然必须符合这一条件，必须符合诉讼法的规定。

可以看出，通说中的三性实际上是诉讼证明对证据的三个基本要求，是证据具有证据力的基本条件。通过上面的分析，从证据角度来看，信息进入诉讼被作为认定案件事实的根据完全具备证据的三性，不会出现任何"排异现象"。

2. 证据具备信息的基本特征

那么，从信息角度看，证据是否具备信息的基本特征呢？

证据具有普遍性，任何事物的运动都将留下信息，而这些信息都可以用来作为该事物的运动过程的证据；证据具有无限性，大千世界，事物是无限的，事物的运动也是无限的，事物及其运动将产生无限的可以证明其运动过程的证据；证据具有依附性，它必须依附于一定的物质载体，并表现为书证、物证等；证据具有共享性，同一个证据我们可以在诉讼中和非诉讼活动中同时使用；证据具有可识别性，人们可以感知它、辨别它，同时证据也可能虚假或片面，即具有可伪性和不完全性；证据具有可处理性，证据材料可以累积、归档储存，书证可转换为各种符号，物证可以转换为照片；证据具有可传递性，载体可储存保留，也可由当事人手中传到法官手中。可见，证据完全具备通常列举的信息的基本特征。

3. 证据的功能是信息功能在人类认识活动中的演化

如果把证据描述为证明案件事实的根据，应该没人持异议，因为这只是同义反复，是顾名而思义，所以把它作为证据定义

---

〔1〕 曾庆敏主编：《精编法学辞典》，上海辞书出版社2000年版，第515页。

第四章 证据的本质

不具有科学价值。但是这种描述反映了证据在认定案件事实中的功能，它说明在诉讼主体与案件事实之间的认识关系中，证据是认识的中介，证据是反映案件事实并能为诉讼主体所感知、获取、识别的东西。

信息在人类认识活动中正是这样的"中介"。"实践是人与世界之间的物质和能量变换关系，而认识则是在实践过程中发生的，人与世界之间的信息变换关系。"[1]人类就是依靠信息感知、认识事物及其运动，消除"不确定性"的。不过，信息的这个"中介功能"存在于人类所有的认识活动中，而不像局域词汇"证据"那样只存在于诉讼活动中。证据的诉讼认识"中介功能"只是信息功能的局域化，证据只不过是我们对信息在诉讼中的具体称谓而已。

4. 证据的本质是信息

证据具备信息的所有特征，并与信息具有同样的功能。信息具体化为案件信息后亦具有证据的基本特征，并发挥证据的功能。所以证据的本质是信息，证据是信息在诉讼中的具体化，二者是个别与一般的关系。

5. 电子证据对证据的信息本质的直接、全面确认

随着信息社会的到来，几乎所有的信息都可以进行数据化传输或储存，电子数据已经无孔不入地进入人们的生活，人们的生活越来越"数据化"。数据是信息的数字编码，数据的传输和储存也就是信息的传输和储存，数据化也就是信息化，电子数据就是信息的当代技术形式或"电子化、数字化的信息"。[2]

数据化的生活必然充斥着数据的传输和存储，而且可以使

[1] 肖前主编:《马克思主义哲学原理》，中国人民大学出版社1998年版，第364页。

[2] 汪振林主编:《电子证据学》，中国政法大学出版社2016年版，第8页。

几乎所有事物和事物的运动数据化。如今，一部智能手机已经可以以文字、图片或视频形式传输和储存几乎所有的人和事物的"心声"、状态和活动过程。人们的社会活动越来越依赖数据，人们的社会活动过程还可以数据化留存，数据化证据已经成为广泛存在的新的证据形式。在我国三大诉讼法的修订过程中，这种新的证据形式已经被一致确认。

我国《民事诉讼法》第63条规定："证据包括：（一）当事人的陈述；（二）书证；（三）物证；（四）视听资料；（五）电子数据；……"《刑事诉讼法》第48条规定："可以用于证明案件事实的材料，都是证据。证据包括：（一）物证；……（八）视听资料、电子数据。"《行政诉讼法》第33条规定："证据包括：（一）书证；（二）物证；（三）视听资料；（四）电子数据；……"可见在三大诉讼法中，数据化证据已经被以"电子数据"的名称作了统一规定，"电子数据"已经成了与传统的"物证""书证"等证据形式并列的一类证据。

实际上，"电子数据"在学界往往被称为"电子证据"，只是"电子证据"还包括以电子模拟技术传输或存储的证据，而不局限于数字技术。另外，"电子数据"是能够包括几乎所有其它的证据形式的。比如，数据文档就是"书证"或"鉴定报告"；视频就是"视听资料"，或当事人"陈述"，甚至是"证人证言"或"勘验笔录"；图片可以代替"物证"等。换而言之，一切可以数字化的都可以是"电子数据"。而目前看来，几乎没有什么不能数字化！所以"电子数据"是有别于其它任何证据形式，又能取代其它所有形式的证据！"电子证据综合了文本、图形、图像、动画、音频、视频等多种媒体信息。这种将多种表现形式融为一体的特点是电子证据所特有的。"[1]

电子数据之所以能取代其它所有形式的证据,不在于电子数据的包容性,而在于电子数据的"穿透性"!电子数据本身就是数据形式的证据,而其它形式的证据又都可以数据化为电子数据,所以电子数据就具有其它证据形式所没有的"穿透性"。电子数据的这种"穿透性"表明各种证据形式不过是不同形式的信息载体,所以其中的信息都可以数字化而成为"电子数据"。

所以,在信息的数字化技术情况下,不但"电子数据"证据本身直接证明了证据的本质是信息,而且"电子数据"的这种"穿透性"更全面而有力地证明了其它证据形式存在的证据的本质是信息。

6. 证据的科学定义

揭示了证据的本质,证据的定义就在于如何界定证据的内涵和外延。结合证据的三性,证据的定义可表述为:"证据是诉讼主体依法提取的案件发生发展过程中产生的能够证明案件事实的各种信息。"其中,"诉讼主体依法提取"即指证据的合法性,"案件发生发展过程中产生的能够证明案件事实的"是关联性的文字表述,"信息"是证据的本质表述,也是客观性表述,"各种"则指证据的外延,凡符合前述限定条件的信息都是证据。

第三节　证据信息的特殊性

证据的特征已在前述及,但是证据的三性只是从证据的条件上阐述的。为了充分揭示证据的属性,为揭示证据的运动规

---

〔1〕 汪振林主编:《电子证据学》,中国政法大学出版社 2016 年版,第 15 页。

律做准备，还有必要探讨作为信息的证据与其他信息相比所具有的特殊性。

1. 证据来源于人类活动，是社会信息

从信源角度看，信息是由世间万物运动而产生的，而证据则是由有意识能力的人类的活动产生的，凡是进入诉讼的证据都是当事人相关意识行为的结果。证据不但是当事人的身体行为状况的反映，还是其意识活动状况的反映，这一点与无意识的非人类物质运动不同。也正是因为这个原因，当事人作为行为主体，对其自主支配的行为过程最清楚，他做了什么、为什么做、造成了什么结果，以及行为时自己及周围的状况自己最清楚。毫无疑问，如何收集或处分自己自主行为过程的证据自己也最清楚。[1]

2. 证据载体人工化

自然界的信息载体都是自然的，都是以被直接作用的物为载体的，不存在语言形式、图像形式等转换载体的。而证据则大不一样，几乎没有不能进行人工转换的信息。一个人的行为过程作用于另一个人的视听感觉后可存于人脑，并被用语言形式叙述出来，载体又可以是电话、录音或书面证言。即使一个人的行为直接作用于一系列物，则除了物主要是人类生产物并被某人类主体所有之外，物上所录下的内容同样可以因人工作用而成为其它形式的证据，比如图片或电子数据。也正是因为这个原因，证据信息的可伪性极强，当事人的行为可能因感知者的感知能力而感知错误或致信息缺失，也可能在载体转换时因技能不佳而丢失信息，或因故意而伪造信息。

---

〔1〕 非自主行为缺乏行为的意识因素，并不知道行为的意义，或者行为人意志受外力支配，他对受支配的行为过程是不清醒的，因而是不清楚的。

3. 证据内容片面化

诉讼证据使用于讼争场合，因证据在诉讼中均是针对诉讼目的而收集、整理、出示的，不同的诉讼请求必然附之以不同的证据。所以，当事人总是以对己有利的证据进行收集、整理、出示，并尽可能避免对己不利的证据被收集、整理、出示，证据必然从某个方面、某个过程反映案件发生、发展中的事实，具有片面化倾向。而其它信息，无论是以自然形态存在，还是以人文形式存在，在非讼争场合，一般不具有人为的片面性。

4. 证据信息具有历史性和量的有限性

所有证据均是已发生了的案件留下的信息，而不是正在发生的案件信息。所以就个案而言，证据只是当事人案件发生、发展过程中的阶段性信息，具有历史性。而历史是无法重复的，所以证据的量是有限的，不会增加，但却会减少。因为当事人活动所作用的对象，包括物或人都在运动变化，并在运动变化中淡化乃至失去对感知信息的记录。

5. 证据传递方式具有法定性

信息的传递方式在客观世界中并无限定，但案件信息要成为证据，须依循法律规定的方式进行，其传递途径、方式和时间等均须符合法律规定。也正因如此，如果法律规定不科学、不合理，有价值的案件信息就可能被排除在诉讼之外，从而不能成为证据。

第五章

证据分布的基本规律

第一节 证据分布规律的概念

任何一个行为要达到目的，都要研究行为对象的运动规律，并在此基础上确定行为的原则、规则和方式。举证责任分配也是一样的，证据的运动规律正是制定和确立举证责任分配原则的客观根据。证据运动有不同的方面和内容，不同的目的需要研究不同的方面。证据分布是证据运动的空间方面，收集和使用证据应该研究证据运动规律，收集证据应该研究证据的分布规律。

一、证据分布规律的概念

事物的运动总是遵循一定规律的，证据也不例外。证据运动包括证据的产生、转移、灭失等过程，证据的分布只是证据运动的转移环节的空间方面，证据分布规律就是证据在这个环节和方面的运动规律，是证据运动规律在这个环节和方面的具体表达。

那么，什么是证据分布规律呢？因为我们研究的证据是诉讼证据，都是用以解决社会关系问题的证据，所以，证据分布规律应当具有如下内涵。

（1）证据是关于当事人行为事实的证据，直接产生于当事人的行为，证据的分布规律应该是、也只能是证据与当事人行为之间的直接的、必然的关系。如果是证据与当事人行为以外的因素之间的关系，则因为与当事人行为事实之间没有直接的或必然的关系而不具有研究价值。

（2）分布是个空间概念，但是，在抽象的社会关系领域则只能是在作为社会关系主体的当事人之间的分布。[1]在外延方面，虽然这里的证据是诉讼证据，但是证据分布规律不是证据在诉讼过程中的运动规律，而是证据在案件发生发展过程中的运动规律。在诉讼过程中，证据在法律的规定下和诉讼参与人的操控下"运动"，是证据的人为的使用过程，在诉讼过程中没有证据的运动规律，只有证据的使用规则。

据此，证据分布规律的定义就是：证据在当事人之间的分布与当事人在案件发生、发展过程中的行为之间的必然关系。

二、证据的指向

学界"以证据的来源为标准，可以把证据分为原始证据和传来证据。原始证据是指直接来源于案件事实或原始出处的证据……传来证据是指经过复制、复印、转述等中间环节形成的证据"。[2]

原始证据直接来源于案件过程，与当事人的行为具有直接关系。传来证据是原始证据的转化形式，与当事人的行为只有间接关系。证据分布规律关注的是证据与当事人行为之间的直

---

〔1〕　虽然主流观点认为证据收集主体具有多元性，但是，从诉讼中举证责任承担的角度看，收集证据的主体并不是多元的，而只能是当事人。参见李浩主编：《证据法学》，高等教育出版社2014年版，第292页。

〔2〕　何家弘主编：《新编证据法学》，法律出版社2006年版，第89页。

接关系，所以证据分布规律中的证据是原始证据。

实际上，原始证据的收集问题解决了，案件事实的证明问题也就基本上解决了。因为，原始证据直接来源于案件过程，其证明力也是传来证据不可比拟的。所以，"在证据的收集中，要努力寻找、发现并尽可能地获取原始证据"。[1]

我国三大诉讼法也都是以原件为原则、以副件为例外的，即收集的证据以原始证据为原则，以传来证据为例外。

如《民事诉讼法》第70条规定："书证应当提交原件。物证应当提交原物。提交原件或者原物确有困难的，可以提交复制品、照片、副本、节录本。"可见，《民事诉讼法》直接确定了民事诉讼中的原始证据原则。

《刑事诉讼法》没有直接规定的相关条款，但最高人民法院的司法解释予以了明确规定。如最高人民法院的《刑诉法解释》第70条规定："据以定案的物证应当是原物。原物不便搬运、不易保存，依法应当由有关部门保管、处理，或者依法应当返还的，可以拍摄、制作足以反映原物外形和特征的照片、录像、复制品。"第71条规定："据以定案的书证应当是原件。取得原件确有困难的，可以使用副本、复制件。"

《行政诉讼法》也没有作出直接规定，但司法实践也都是以原件为原则、以复制件为例外的。最高人民法院2002年的《关于行政诉讼证据若干问题的规定》（法释〔2002〕21号）第10、11、12条分别规定了提供书证、物证和视听资料的要求，每一条的第一项要求就是原始证据，即"原件""原物"和"原始载体"。

与我国的"原则、例外"模式不同，英美法规定了"传闻

---

〔1〕 何家弘主编：《新编证据法学》，法律出版社2006年版，第91页。

证据"，并直接排斥传闻证据的证据效力。[1]

综上，虽然学界把证据从来源角度划分为原始证据和传来证据，但是法律并没有作出这样的分类，而且审理案件收集和使用的证据就是原始证据，传来证据只有在不得已的情况下才能有条件地使用。所以，证据分布规律中的证据虽然指的是学界所称的"原始证据"，但没有也无需加上"原始"字样。[2]

第二节　证据分布规律的研究现状

本书基于对举证责任分配原则的研究，提出了证据分布规律的概念，应该说，这是一个全新的概念，关于这个规律的研究先例尚没有发现。但是，这并不意味着对证据运动规律的研究没有任何基础，相反对相关领域和相关规律的研究早已有之，甚至比较成熟，并已经运用到相关社会实践中，产生了良好而重大的社会效果。

一、证据运动规律的研究现状

虽然直接研究证据分布规律的论著尚未发现，但是关于证据运动规律的研究和理论国外却早已有之，其中最为著名的学说就是法国侦查学家艾德蒙·洛卡德（1877~1966年）20世纪初在《犯罪侦查学教程》中提出的"物质交换原理"。该理论指出犯罪人在作案过程中，必然会在犯罪现场或被侵犯的对象身上留下自己的物质，同时也必然要从现场或被侵犯的对象身

---

〔1〕　参见王进喜：《美国〈联邦证据规则〉（2011年重塑版）条解》，中国法制出版社2012年版，第236~239页。

〔2〕　传来证据因为其"传来"的缘故，传来证据的分布总体上受制于原始证据，所以，原始证据的分布规律应该适用于传来证据。

上带走一些物质，犯罪人在犯罪过程中与犯罪对象和环境存在必然的物质交换关系，即物质交换规律。而这些被交换的物质正是可以证明案件事实的证据，侦破案件就是依据这个规律来收集证据和推定事实的，物质交换原理后来成为侦查学的理论基础。

随着时代和科学的发展，我国学者刘品新还根据信息论对该理论进行了改造，提出了信息转移理论。认为物质交换原理中的物质实际上是物质性信息，且案件发生、发展过程中除了物质性信息交换外，还有非物质性信息即纯粹的信息交换，所以物质交换原理应该修改为信息转移原理。

除了侦查学者对证据运动规律的不遗余力的研究外，证据学界和证据法学界对证据的运动规律鲜有研究。[1]对相关问题有所论述的，是证据法学著名学者何家弘在《证据法学研究》中以"案件中的信息转移规律"为标题展开的。认为信息转移遵循不守恒、不一定对称和机制复杂等三个"规律"。[2]但很明显，这三个"规律"都不是规律，而是现象。尤为突出的问题是，何教授的概括用了"不"和"复杂"这样的词语来描述规律，而规律是不能用含有"不"和"复杂"这样的否定语词或不能反映关系必然性的词汇描述和表达的。

---

〔1〕 侦查学的重视原因在于破案的压力迫使工作人员寻找最为有效的侦查方法。这个事实恰恰反映了事实发现问题是科学问题，而证据学或证据法学的鲜有涉及反映了证据学和证据法学界拘泥于价值思维的局限。

〔2〕 何家弘主编：《证据法学研究》，中国人民大学出版社2007年版，第307页。"任何信息系统至少包括信源、信宿和信道三要素，相应地，案发过程中的信息转移现象也就可以划分为不同的模型；首先，从信源和信宿来看，它们均可以表现为案件中的人、物、场所等样式。……其次，案件中的信息转移现象所依据的信道可以笼统地概括为案件行为。这里的案件行为是广义的概念，包括但不限于人的行为，除了人的行为之外，还指代物的行为和机器的行为。"

二、信息运动规律的研究现状

值得一提的是，随着信息时代的到来，对与证据运动规律有直接关系的信息运动规律的研究早已风生水起。比如除了通讯科学、生命科学等对特定领域的信息运动规律的研究外，直接以信息运动规律为标题的论述就有信息科学学者王怀诗教授的"信息运动规律初探"、蒋永福和李集的"信息运动十大规律"等。

"信息运动规律初探"提出了加速、梯度递减、不守恒三大规律，和统计性、方向性和准定量性三个规律特征。但是正如作者所言，"信息运动规律是各种信息现象、信息产品、信息机构等在运动、变化和发展过程中本质的、必然的和稳定的联系"。[1]该文章探讨的是信息和信息世界产生、发展的"规律"，所以，其着眼点基本在于人类社会信息和人类社会知识的宏观角度，而不是具体信息的收集的微观角度，所以既不是证据的运动规律，也不能对证据分布规律的探讨提供帮助。

"信息运动十大规律"论述了信息世界中存在的十个方面的统计性规律，即表征律、运载律、守恒律、扩散-聚合律、衰减律、选择律、势差律、"马太"律、省力律、相对律。[2]但是正如作者所言，这些"规律"是"统计性规律"，很显然该文探讨的"规律"实际上是信息运动的十大规律性现象，而不是现象之间的内在联系，对证据分布规律的探讨也不能提供直接的帮助。

---

〔1〕 王怀诗："信息运动规律初探"，载《图书与情报》1996年第4期，第16~27页。

〔2〕 参见蒋永福、李集："信息运动十大规律"，载《情报资料工作》1998年第5期，第18页。

从总体上来看，对证据分布规律的研究并不是一片空白的，尤其不是"白手起家"的。相反，在相关领域或相关问题方面还卓有成效。只是基于诉讼证据收集的视角，直接对证据分布规律的研究至多是有所涉及，而远没有受到重视，更无成效可言。

第三节　证据分布的基本规律——行为控制规律

一、证据分布规律的研究视角

规律是决定一个事物产生、变化和消亡的必然性的内部矛盾关系。信息论出现以前，人类的科学基本都是研究物质的本质和运动规律的科学，而研究所借助的依据无不是后来被称为信息的东西。[1]

信息论出现以后，人类越来越重视对信息本身的运动规律的研究，以至于人类得以快速进入信息社会。如今，信息技术的广泛运用大大改善了人类的物质生产、生活方式，大大促进了对物质运动规律的研究和利用。

物质与信息相互依存，物质与信息的必然关系是一切科学的存在根据。研究物质运动离不开对物质的运动信息的利用，研究信息运动离不开对产生、运输和储存信息的物质的利用。

信息是"事物运动的状态及其变化方式的自我表述"，[2]

───────────────

〔1〕　在此，有必要说明一下本书的事物、物质或物的不同含义。本书的事物是哲学层面的范畴，泛指一切不以人的意志为转移的客观存在。物质或物是指物理学层面的范畴，是与信息、能量对称的存在实体。这里之所以把"物质"降格为物理学范畴，是因为目前的信息科学普遍使用"物质"一词与信息、能量并列作为客观世界的三要素。参见邹志红主编：《信息学概论》，南京大学出版社 1996 年版，第1页。

〔2〕　参见钟义信主编：《信息科学教程》，北京邮电大学出版社 2004 年版，第26页。这里的"事物"又等同于本书的"物质"。

是客观世界的三要素之一，与物质和能量相互作用和依存，不可分割。信息虽然有自身独特的个性，但信息的运动离不开物质的运动和能量的转化。所以信息运动必然受制于物质运动和能量的转化，信息的物质载体附着性规律就是通过物质研究和利用信息的基本依据。[1]

虽然信息一旦产生就有了独立的内容和可独立于被表征的物质的存在形式，但信息最初的产生和传输决定于被表征的物质的运动状态，所以初始信息的运动规律只能是信息与物质运动状态的必然关系。[2]总之，研究物质需要借助信息，研究信息则要借助物质。

案件事实的内容不过是作为案件当事人人身的物及其行为对象的物所承载的案件发生、发展过程的信息。证据是案件的信息，是信息的一种。证据分布规律是信息运动规律的证据表达，是信息运动规律在证据领域的表现。诉讼案件中争议的事实都是关于案件当事人及其行为的事实，都要依据案件当事人及其行为的信息即证据来认定。在案件发生、发展过程中，证据信息所依赖的载体物是案件当事人人身和行为时人身作用的对象，这个对象可能是物，也可能是他人的人身。所以，证据

---

〔1〕　参见罗先汉："物信论——多层次物质信息系统及其哲学探索"，载《北京大学学报（自然科学版）》（第 41 卷）2005 年第 3 期。根据现代自然科学的发展，提出物质与信息既彼此不同、又相辅相成的学术观点：信息要以物质为载体，物质的生存发展要由信息来引导。第 446 页写道："人类宇宙观念的发展表明，必须以宇宙的自然信息为出发点和落脚点，不断地沟通人文信息与自然信息之间的联系，从狭义信息导出广义信息，使主观信息符合客观信息，才算踏上解放思想求真务实的正确道路。反之，如果一切以经典的人文信息为出发点和落脚点，即使这些人文信息曾经在某个领域内被证明是有效的，那就会拒绝接受众多新鲜事物，使有限的理论日益远离无限的实际，后患无穷。这项认识法则对于修身齐家乃至安邦治国等，也具有重要意义。"
〔2〕　传来信息由于脱离了被表征的物质及其运动现场物质而转载于传来物质之上，传来信息的运动规律就是承载传来信息的传来物质的运动与信息的关系。

分布规律的发现视角就由自然世界的物与信息的关系转换为案件发生、发展过程中的行为人、行为对象与信息的关系。如果我们找到了案件发生、发展过程中的行为人、行为对象与信息的必然关系，也就发现了案件发生、发展过程中证据的运动规律，也就为寻找证据和证明案件事实找到了方法论依据。

二、侦查学基本理论的启示

由艾德蒙·洛卡德提出的物质交换原理发展而来的证据动力学理论认为证据动力"作用始于证据的转移，止于案件的最终裁判"。[1]意即物质交换规律的作用贯穿于案件从发生到最终定案的整个过程中。物质交换原理已经影响到法庭科学，法庭科学认为"根据实际发生的物质交换的性质和范围，不仅可以把犯罪人与特定的现场部位、证据种类和被害人联系起来，而且还可以与特定行为联系起来"。[2]可见，物质交换原理不仅是收集证据的理论，还是事实证明和推理的理论。从侦查学基本理论可获得如下几点启示。

1. 启示一：发现事实必须探寻和遵循证据运动规律

物质交换原理是近代物理科学在侦查学中的运用，信息转移原理则是当代信息科学在侦查学中的运用。它们都是时代科学成果在侦查学领域的延伸，它们都是为解决犯罪案件侦查问题而创立的理论，都是指导侦查方法和技术的理论，具体而言是指导证据收集和运用的理论。物质也好，信息也罢，都是证

---

〔1〕 ［美］期萨姆·W. J. 特威："证据动力学：'洛卡德的物质交换原理和犯罪重建理论'"，马静华译，载《四川警官高等专科学校学报》（第14卷）2002年第1期，第74页。

〔2〕 ［美］期萨姆·W. J. 特威："证据动力学：'洛卡德的物质交换原理和犯罪重建理论'"，马静华译，载《四川警官高等专科学校学报》（第14卷）2002年第1期，第72页。

据；交换也好，转移也罢，都是运动。所以，物质交换原理和信息转移原理都是关于证据运动的原理，都是关于证据运动规律的理论。

侦查活动面对侦破案件的压力，必须不遗余力地利用最先进的科学技术探寻高效的侦查手段，探寻证据运动规律就成为侦查学永恒的课题。侦查学给我们的第一个启示就是：发现事实必须探寻和遵循证据运动规律。

2. 启示二：证据的运动是有规律可循的

这个说法原本可以是一句废话，但是鉴于证据学和证据法学界对证据运动规律的探寻几乎为零的现状，[1]在此完全有必要予以强调。

侦查学的理论得到了侦查实践的验证，大量的案件据此得以侦破，证明了侦查学关于证据运动规律的理论是科学的，证明了证据的运动是有规律可循的。而且，由于证据是案件发生、发展过程中的信息，证据的运动规律应该与物质交换规律和信息转移规律具有一致性。

3. 启示三：证据的收集和展示受制于证据运动规律

侦查活动要发现的是犯罪事实，在审判活动中，要发现的案件事实是当事人在案件发生、发展过程中的行为事实，发现案件事实的基本依据都是证据。所以，在审判中要发现的案件事实与侦查活动要发现的案件事实没有本质区别。

但是在现代诉讼中，在侦查中发现的事实被分解安排在刑事诉讼的第一个环节，且有专门机关进行。而在审判中发现的事实被安排在庭审阶段的第一个环节，且在法官主持下由各方

---

〔1〕　实际上，证据学和证据法学迄今也没有清晰的界限，证据学大多就是证据法学。如果证据学需要独立出来的话，证据学应该是关于证据的本质与规律的理论体系，证据法学则是关于证据收集和运用的法律规则的理论体系。

参与共同进行。前者的工作重心是发现和收集证据，后者的工作重心是展示和分析证据，后者成了前者的延续。

侦查活动与审判活动中的发现事实的上述关系在刑事诉讼中表现得直接而明显。在其它诉讼活动中也存在类似的情况，当事人为了在审判活动中展示证据，就必须先收集相关证据，从技术层面看，其证据收集的对象、途经和方法与刑事诉讼侦查中的证据收集并没有不同。

所以，证据收集和证据展示实际上是诉讼中前后相继的两个环节。收集证据需要遵循证据运动规律；展示证据，包括展示的主体、内容和方法，也必然受制于规律的作用。比如，展示主体只能是能够收集到证据的诉讼主体，这就涉及证据运动与诉讼主体的关系；展示的证据内容和方法只能是能够收集到的证据信息情况和载体形式，这就涉及证据运动的状态和形式。证据运动与诉讼主体的关系、证据运动的状态和形式都受制于证据运动规律。

在证据展示中，展示的主体问题正是举证责任分配问题。谁该展示证据，或者什么证据该谁展示，都应该体现证据运动规律对证据收集的制约作用。由于证据在诉讼主体之间的分布直接决定主体收集证据的能力，所以证据运动规律对证据收集的制约作用具体演化为证据分布规律对证据收集主体的制约作用。

三、证据分布的基本规律——行为控制规律

（一）基于物质交换原理的论证

1. 物的独立性对信宿分布的决定作用

信息是物质和物质运动的表征，物的存在和运动状态必然决定信源、信道和信宿的形成和运动状态，物与物之间相互作

用的状态必然决定信源、信道和信宿的形成和运动状态。

信宿是证据的归宿，是收集证据的地方。所以，找到物的运动或物与物之间相互作用与信宿的形成和分布的关系，就找到了物的运动过程中证据分布的规律，就能为证据的收集指明方向。

根据物质交换原理，两个实体物相互作用时，彼此一定进行物质交换，彼此一定互为信宿。据此，①一个独立的物的运动会与环境物相互作用从而与环境物彼此互为信宿；②两个相互独立的物相互作用时，彼此一定互为信宿，环境物在与它们接触时会与它们进行物质交换而成为独立的第三信宿；③两个物不相互独立，则：其一，甲对乙单向包容，即甲包容乙时，因为作用点的变化，物质交换点也发生变化，甲既是乙的对象物，也是乙的环境物，因而既是乙外部的存在和运动状态的信宿，也是甲作用于乙外表时的信宿，乙只是甲作用于其内部时的信宿；其二，当两个物双向包容即互有包容时，信宿的形成和分布则处于前述相互独立和单向包容的中间状态。总之，在所有的物质运动与信息运动的关系状态中，物的独立性对信宿的形成和分布具有决定作用。

信息转移原理并不否定物质交换原理，而是在肯定物质交换原理的基础上提出基于信息本质和特征的观点。比如，一方交换出去物质，使对方获得物质性信息外，自己也会留下物质缺损的信息；还会因为信息的共享性，使双方在不同的载体比如两个合同文本上共享同一种信息。但是，这两种情况并不否定独立性对信宿形成和分布的决定性作用，因为前一种情况正是独立性导致的交换出去的物质与缺损物质的必然分离和吻合；后一种情况则反映了共享性与独立性的关系，正是独立性产生了对不同信息载体的需求，才产生了信息共享现象。所以没有独立性就不存在共享性。[1]

2. 行为控制状态决定证据的分布状态

物的独立性在社会关系中表现为人的独立性。人的独立性反映了人与人之间的社会地位关系，在行为上表现为人与人之间发生关系时主观上的意志自由和客观上的行为控制。物与物之间的独立性状态包括相互独立、单向包容和双向包容三种情况。与此相应，人与人之间的独立性状态包括相互独立、单向控制和双向控制三种情况，只是这三种情况同时也是意志自由所及的三个范围，而主观意志因素正是人与物的区别所在。

物的独立性决定信宿的形成和分布，当事人的独立性必然决定证据信宿的形成和分布。[2]当事人的独立性对信宿的形成和分布的作用是通过对行为的控制进行的。当事人单独行为时，当事人是独立的，意志是完全自由的，他自己控制着自己的行为。当事人相互作用时，当事人的独立性就受制于当事人之间的社会地位关系，不同的社会地位关系会导致不同的意志自由度和行为控制状态，进而导致不同的信宿形成和分布状态。所以，在行为与信宿的关系上，是行为的控制状态决定着信宿的分布状态，独立性则是行为控制的前提条件。

---

[1] 刘品新教授的信息转移理论认为，犯罪过程中的信息转移遵循两大规律。一是不守恒性的规律。不同于物质转移原理，信息转移原理基于信息的可共享性，认为犯罪过程中发生接触的两个物体中一方获得了对方的信息，对方不但不会丧失该信息，而且该信息还可能转移给别的物体。二是不一定对称性的规律。不同于物质转移原理的物质转移的对称性判断，信息转移原理认为，犯罪过程中一方向另一方传递自身信息时，另一方不必然反向传递其自身信息。参见刘品新："论犯罪过程中的信息转移原理"，在《福建公安高等专科学校学报》2003年第1期，第28~34页。

[2] 在案件发生发展过程中，信宿可以是当事人人身，也可以是行为对象物和行为环境的构成物。信源是当事人，信道是当事人行为肢体或肢体的延伸——工具。当事人的行为不是信道，而是当事人的身体运动本身，是产生信息和决定信息归宿的物质运动。

具体而言，①当事人单独行为时，他有完全的意志自由，他的行为由自己控制，他与对象物和环境物互为信宿；②独立的当事人之间相互交往时，各自拥有完全的意志自由，各自控制着自己的行为，彼此互为信宿，环境物则成为独立的第三信宿；③甲对乙单向控制时，甲具有完全的意志自由，乙则在甲控制的范围内失去了意志自由，甲控制着自身的运动和乙的外部运动，有关甲自身运动和乙的外部运动的信宿均分布在甲所控制的领域内，乙只是控制着自身的内在运动，甲作用于乙并导致乙内部变化的信宿分布在乙内部；④当事人之间互有独立和控制时，双方互有相对的意志自由，各自在不同的部分或时段具有意志自由或失去意志自由，双方既有各自独立的行为，又有被对方控制的行为，信宿的分布则处于相互独立和单向控制的中间状态，互相独立的部分互为信宿，互为控制的部分则互为对方和环境信宿。

可见，行为的控制状态决定着信宿的分布状态，而且控制的行为领域正是双方相应行为信息的信宿分布领域。所以，控制的行为领域范围决定了信宿分布的范围。

信宿是证据之所在，信宿的分布状态正是证据的分布状态。所以，当事人的行为控制状态决定证据的分布状态，这正是证据在当事人之间分布的基本规律，即行为控制规律。

（二）基于控制论的论证

控制论（Cybernetics）是"关于既是机器中又是动物中的控制和通信理论的整个领域"。[1]控制论论证了一切系统都是通过信息进行控制，和如何通过信息传输进行控制的。"信息的传

---

〔1〕〔美〕N. 维纳：《控制论》，郝季仁译，科学出版社2009年版，第11页。

递离不开控制，控制也离不开信息的传递"，[1]控制的过程同时就是信息传输的过程。

　　人的行为是人的生命系统的有意识的运动过程，这个过程在人脑的控制下进行，所以也是一个信息传输过程。在这个过程中，如果行为人是独立的，有完全的意志自由，行为人的意志信息和对象的反馈信息就会传达给生命机体并付诸行动，行为就会在自己的控制之下按照自己的意志方向发展。否则，行为人的意志信息和对象的反馈信息就不能有效传达给自己的生命机体，行为就会失控或被控，就不会向着自己的意志方向发展。在这两种情况下，控制的状态都源于并伴随信息传输的状态，信息传输畅通的地方也是行为得到控制的地方，否则就是失控或被控的地方。可见，行为人对行为过程的控制范围与行为过程的信息传输范围一致。

　　控制过程的信息既有行为人的意志信息，也有行为对象的反馈信息。当行为人一个人单独行为时，行为对象实际上是物，意志信息和对象物的反馈信息都落入行为人的控制范围。当两个行为人相互作用时，则互为行为对象，意志信息和对象反馈信息的分布要看行为人的控制范围情况。而控制范围则受制于行为人的独立性情况，完全独立的人在行为时一定会按照自己的意志控制行为过程，意志信息和对方反馈信息的传输一定是畅通充分的，信息对流平等、分布对称。否则，一方就不能有效传输自己的意志信息或接收对方的反馈信息，而另一方却阻断并截留了对方的意志信息和自己向对方的反馈信息，信息对流就不平等、分布就不对称。可见，独立性决定行为人对行为过程的控制范围，而控制范围与信息分布范围一致。

------

〔1〕　金观涛、华国凡：《控制论与科学方法论》，新星出版社 2005 年版，第 40 页。

证据是当事人的行为信息，证据的分布当然遵循信息的分布规律。所以，依据控制论能够直接得出当事人的行为控制状态决定证据分布状态的结论，控制论是行为控制规律的当代科学依据。

四、行为控制规律的动态演绎

行为控制规律揭示的是当事人的行为控制状态与证据在当事人之间分布的必然关系，所以在运用证据分布规律时，如何把握行为的控制状态至关重要。行为控制规律包括两个方面的内容：一是行为的控制决定证据的分布；二是控制的行为领域决定证据分布的范围。

（一）行为领域的界定

程良焱教授早在论述侦查学基础理论时就认为，刑事案件有时间、空间、人、对象、手段、工具、结果、行为内容、行为过程、行为手段等十要素，[1]这十个要素都是以犯罪行为为核心的，都是犯罪行为涉及的方方面面，都是行为的一个个"领域"。

领域往往是指时空范围，但在抽象思维的学术语言中，领域早已突破时空范围的形象化含义，本书的行为领域也是这样。我们知道，任何一个行为都由行为人、行为对象、行为（包括行为内容和方式）和行为环境（包括时间、场所）构成，缺少任何一个因素，行为就无法实施和完成，所以这四个方面也是任何一个行为的四个要素。程教授所说的案件事实的十个要素是这四个要素的细化或分解，都可以归并进入这四个要素。比如，对象和结果都属于行为对象的存在和变化情况，手段、工

---

〔1〕 程良焱："犯罪侦查学基础理论新探（一）"，载《中国公安大学学报》1991 年第 1 期，第 15 页。

具、过程和行为过程都是行为方式。

行为领域就是行为的四个要素所组成的"时空范围"。这里之所以用"行为领域"而不直接用"行为要素",是因为这些要素在行为过程中彼此动态结合,构成一个动态系统,在系统中是以要素为核心形成不同"领域"的。

(二)控制领域的动态演化

1. 控制的含义和标准

控制从不同角度会得出不同的解释,但我们在讨论人类行为时显然是,也应该是在最一般意义上谈论控制,从而也是一般人所理解的意思。所以,我们不能一想到从理论上探讨控制就去搜索关于控制的各种学说,因而使控制概念复杂深奥,虽然它们都只不过是对控制的最一般含义在特殊领域的解释而已,并不复杂,并不深奥。

根据《现代汉语大辞典》,控制是"掌握住不使任意活动或超出范围"。该解释是从被控制对象角度着手,控制旨在使被控制对象活动受限。《英汉双解剑桥国际英语词典》是这样定义的"Control:to order, limit, instruct or rule(something or someone's actions or behaviour)指挥、控制、支配、管理",依此,控制是对物(Something)或活动或行为的"命令"(order)、"限制"(limit)、"要求"(instruct)和"规范"(rule)。所以,中外对控制的最基本理解是一致的,控制就是控制主体对被控制对象的活动的限制。就是说控制必须含有对受控对象的运动进行限制的内容,没有限制这一基本内容,就不能说是控制。

比如,我们说某甲控制着某物 A,则首先意味着 A 物的运动受到甲的限制,所以 A 物的空间转移、性状的变化均不由 A 物自由进行。这里假设甲能控制 A 物的一切物理、化学或生物变化,而当我们说某甲控制着某乙时,则首先意味着乙的活动受到甲的限制，乙的活动范围、时间、方式均不由乙自主进行。这都是对控制最一般的理解，本书所说的控制正是这种最一般的理解。

不过，这个理解还是基于外在客观方面作出的，没有涉及控制的主观方面。显然，控制是体现了控制者的主观意志的，在无意识的物之间是谈不上"控制"的，至多是包含、夹带之类的无意识状态。所以，控制一定体现了控制者的意志，具有主观意志性。因为控制是对人、物的活动的限制，这个"限制"就是控制者的意志内容。但是，无论是对自己行为的"限制"，还是对他人、他物的活动的"限制"，控制者的意志都是自由的，控制行为表达的都是控制者自己的自由意志，所以控制的主观内涵在本质上就是行为人的自由意志。行为人在控制自己的人身和行为时，他的意志是自由的；行为人在控制他人、他物的行为或运动时，他在延伸自己的自由意志，只不过他人或他物的自由受到了"限制"，他人、他物处于被控制的状态。所以，如果行为人没有自由意志就不存在控制，既不存在对自己行为的控制，也不存在对他人、他物的控制。与此同时，行为人自由意志所及的范围也就是控制所及的范围。

据此，我们可以给控制作一个解释性规定，即控制是主体按照自己的意志决定事物运动的过程或状态。"控制"须同时符合主客观两个条件：①客观上，行为人限制着某个事物的运动；②主观上，行为人具有意志自由。这两个条件也是判断是否构成或存在控制的标准，符合这两个条件就构成或存在控制，否则就不是控制。

阐明了控制的含义，控制者的概念应不难理解。他应该是对人或物实施控制的人。《英汉双解剑桥国际英语词典》是这样解释的："Controller，n：A controller is a person who controls something or someone who is responsible for what a particular organization does" 即控制者就是控制某物（Something）或某人（Someone）的人，而被控制的人是对指定组织的事负有责任的人。这里把组织成员看作是被控制者。当然，一个被直接限制人身自由的人显然是被控制者。

由于前面是从最一般意义上阐述控制与控制者的含义，我们甚至可以对这两个概念"望文生义"，我们也会自然地想到控制者是控制他人、他物的人。但生活中有相当多数的人的行为似乎根本不受他人控制，在人与人的交往中，大量的是"平等"主体，何谈控制？这就涉及人与人之间关系的表现形式。我们看到的社会只是物质的社会，它们的背后才是人与人的关系，马克思正是通过物并在物的背后发现社会的本质的。人与人之间的关系均是通过物或人身直接交往而进行的。其中如果是通过物的交流而发生关系的，由于物总是由人所控制，物的运动受制于物的控制者，所以在平等主体的交往中，如果是通过物进行的，控制者就是指物的控制者，因为物的控制者必然是导致物的变化的行为的控制者。如果是通过人身进行的，因为交往双方实际上把自己的人身作为交往客体，所以，双方都是自己人身的控制者，均自己控制自己的人身与对方交往，行为人是自己人身行为的控制者。

2. 控制的动态演化

物质是运动的，由于物质的运动，控制往往发生在某个领域或某个过程中。离开这个领域或过程，控制便不复存在，控制者的地位也将发生转化。

对物的控制，物可能发生空间转移而使控制者丧失控制；物也可能只是某些运动受到控制者的控制，而其他方面却不受控制者控制，如物内部分子结构的变化，以及通常所说的自然损耗都是一般人所不能控制的，当然，特殊控制者如专门的研究人员除外。这些变化必然导致控制者对导致物的变化的行为的控制地位发生变化。

对人的控制，可能只发生在某管理领域内或组织系统内，离开这个领域或系统将使控制者失去对受控人员的控制。如工厂与工人的管理与被管理关系就是这样的，工人在工厂的工作时间内，工人被工厂控制，在工厂之外的非工作时间，工厂就失去了对工人的控制。控制也可能只存在于某一时段，过了这一时段因受控者力量的成长而使控制者失去对受控者的控制，如未成年人成为成年人而使其父母失去监护权，或被拘禁的一方挣脱拘禁，而使控制者失去控制等。也可能因控制者状态的变化而变化，如控制者失去意识而不能控制自己的人身或他人、他物，或控制者丧失意识外的能力，如系统崩溃（破产停业等）而失去对他人、他物的控制。

总之，控制不是静止的状态，而是动态的过程。控制者不是永恒的地位，而是变化的称谓，一切只能根据控制的最基本内涵予以确定。

3. 控制领域的动态演化

控制是指主体按照自己的意志决定事物运动的过程或状态。控制领域是意志自由所及的范围，而意志自由是受制于行为人之间的社会关系状况的。

当事人在案件发展过程中的地位关系是不断变化的，这种变化不但随时间变化而变化，而且随着行为领域的变化而变化。这个变化会导致当事人之间独立性状态的变化，进而导致当事人意志自由程度的变化，最终导致行为控制领域的变化，控制领域在案件过程中也是一个动态变化的过程。

当事人之间在接触、洽谈阶段可能是彼此独立的，比如，劳动关系、医疗关系、行政关系、侵权关系和一般合同关系，双方在这个阶段都是彼此独立的。到了实质性交往阶段，即对案件性质具有决定性的阶段，彼此的地位则可能发生变化。一般合同关系彼此仍然保持互相独立，医疗关系、劳动关系、行政关系和侵权关系等则必然发生地位变化，实施医疗、劳动管理、行政管理和侵权行为的一方意志自由范围扩大，往往不同程度地控制着相对方和相对方的对应行为。实质性交往阶段结束，彼此分开，又恢复各自独立。

即便在实质性交往阶段，控制领域也可能因为具体时点的不同和具体范围的不同而不同。劳动关系双方在非劳动时间，管理方就失去对劳动方的控制而彼此独立；在劳动时间内，非劳动范围如个人生活方面的行为是劳动者的意志自由范围，也不由劳动管理方所控制。医疗关系、行政关系等也有类似的情况。侵权关系也会因为侵权具体对象、侵权行为方式、具体时空的不同而不同。一般侵权行为在正常情况下彼此相互独立，在特殊情况下，加害人也可能控制受害人并实施加害。在特殊侵权行为中，有的只是侵权的内容或方式由行为人控制，比如产品质量缺陷侵权和环境污染侵权，产品的内部结构和环境污染的过程都由生产者或污染人控制，但是产品的使用、产品或污染致损结果则由受害人控制。

在《侵权责任法》规定的几个高度危险作业或德国学者普霍斯（Pruiss）指称的"危险领域"中，还存在认识因素的问题。物品、作业或领域是否危险，其主人、管理人、作业人是清楚的，危险事态是受其控制的。但受害人却不一定清楚，如果受害人不清楚，就是缺乏认识因素，受害人的意志自由就无从谈起，也就不存在对自己"冒险行为"的控制。

总之，控制领域是对当事人在案件过程中的独立性状态的反映，与当事人意志自由的程度和范围同步，随着当事人之间地位关系的变化而变化。

4. 控制领域的判断标准

如上所述，控制在客观上是主体对对象物或人的活动的限制，控制领域是对当事人在案件过程中的独立性状态的反映，与当事人意志自由的程度和范围同步，随着当事人之间地位关系的变化而变化。所以，判断控制领域有如下几个标准。

（1）主体是否限制着行为对象的运动。这是判断的客观标准。如果行为人限制着行为对象的运动，自己就控制着自己的行为和行为对象，否则就没有控制。

（2）主体是否有意志自由。这是判断的主观标准。行为人有意志自由，就控制着自己的行为，否则就没有控制。同时，意志自由的程度和范围有多大，控制的程度和领域就有多大。

另外，还有两个参考因素，即行为人的独立性和行为人之间的地位关系。一般来说，行为人是独立的，行为人之间的地位是平等的，行为人就控制着自己的行为，反之则失去控制或控制领域缩小，相对人则处于控制地位，或控制领域扩大。

（三）自然证据与人文证据分布规律的不同表现

根据信息载体与人类第二信号系统的关系，信息可以分为自然信息和人文信息，[1]与此相对应，证据也可以分为自然证据和人文证据。自然证据是当事人在交往过程中给彼此或环境留下的物质性信息、所见所闻等感觉信息。人文证据是以语言、图片和视频等人类特有的第二信号系统记录和反映的信息。自

---

〔1〕　参见罗先汉："物信论 ——多层次物质信息系统及其哲学探索"，载《北京大学学报（自然科学版）》（第 41 卷）2005 年第 3 期，第 443 页。"除了自然信息活动以外，作为万物之灵的人，还有一种人文信息活动。这是以语言、文字、公式、图表等表征的一类特殊的物质信息活动。人文信息虽然也是以物质（包括能量）为载体来传播，但人必须经过后天的学习和训练，才可能加以识别和利用。"

然证据和人文证据与原始证据和传来证据没有对应关系。

来源于行为过程的自然证据是自然存在的原始证据，行为控制规律在其中自然是直接全面体现的。

人文证据通过第二信号系统反映当事人的行为过程，而第二信号系统反映的可能是行为人将要实行的行为的安排，如合同、计划书、章程、决定等；也可能是行为人实行的行为的记录，如会议纪要、收货单、转账凭证、信件、录音、照片、视频等。人文证据实际上是自然信息的专门的人文转化，比如会议纪要是对会议过程和结果的主要内容的记录，省去了参会人员发言的仪表仪态和会场环境的情况等与会议内容无关的记录；收货单记录了收货时的数量、人员等主要内容，省去了货物的形状、收货员的形象和动作等与双方合作内容无关的记录；视频则通过音像技术记录当事人的行为过程。

正因为人文证据实际上是自然信息的专门的人文转化，人文证据的运动规律与自然证据的运动规律必然是一样的，只是具有专门性而已。比如，会议纪要的参加人的地位是相互独立的，则纪要就会有参加人真实的签字；收货时双方的地位是独立的，发货方就能够取得真实的收货单；病历是医院医疗过程的记录，病历就由医院形成和保管；其它也一样。

（四）电子证据分布规律的表现

电子证据不是一个法律术语，而是一个法学概念。随着信息社会的到来，电子证据越来越引起法学界的关注。有学者经过梳理，发现国内外关于电子证据的概念就有 18 个之多。[1]但是，对于到底什么是电子证据，还是莫衷一是。

因为学界所指的电子证据就是以电子数据形式存在的证据，

---

〔1〕 王立梅、刘浩阳主编：《电子数据取证基础研究》，中国政法大学出版社 2016 年版，第 4~6 页。

而且我国三大诉讼法都使用了"电子数据"这个名称，所以本书的"电子证据"就是"电子数据证据"。

电子证据是存储或传输于一定介质的电子数据。由于电子证据以数据形式直接存储和传输信息，相对于其它证据形式，具有国际性、系统性、多样性、虚拟性和可分离性等特征，[1]因此给传统的侦查手段和证据制度提出了全面、全新的挑战。

但是，电子数据并不是不可捉摸的来去无踪的鬼怪，它不过是信息在数字技术条件下的存在形式，所以电子数据是一种客观存在，而不是虚拟的鬼怪。"信息世界与物理世界一起，共同构成了我们所处的真实世界，信息世界本身就是真实世界的一个不可分割的重要组成部分，我们日常的工作、生活等各种各样的活动，都在信息系统中留下了各种各样的痕迹，这种痕迹同样符合传统的'物质交换原理'，同样以人的意志为转移。"[2]

电子数据要借助数字技术而存在，它仍然需要各种各样的数字技术硬件设备作为载体，需要各种各样的软件装备作为平台，这些设备和装备是它想"隐身"但又绕不过的"关卡"。电子数据在行为人的操作下必然形成、传输和存储于由这些"关卡"构成的信息系统中，在与系统进行数据交换的同时，还必然发生能量的消耗、物质的交换或减损。所以，电子证据的运动仍然要遵循物质交换规律和信息转移规律，因而电子证据的分布仍然遵循证据分布的基本规律，即行为控制规律。只是电子证据的分布主要是以数据形式存在于信息系统中而已。

---

〔1〕　王立梅、刘浩阳主编：《电子数据取证基础研究》，中国政法大学出版社2016年版，第3~5页。

〔2〕　王立梅、刘浩阳主编：《电子数据取证基础研究》，中国政法大学出版社2016年版，第31页。

第四节　待证事实与行为控制规律

一、抽象的待证事实与行为控制规律

抽象的待证事实是实体法规定的要件事实，法官要适用某个实体法法条，就要对该法条规定的各个要件事实逐一证明。只是，这个证明需要在当事人履行了举证责任的基础上通过逻辑方式进行。

行为控制规律揭示了当事人的行为控制状态与证据在当事人之间分布的必然关系，这个规律的发现能否解决抽象的待证事实的证明问题呢？下面以最常见的法律责任要件事实的证明为例作一分析。

1. 法律责任构成事实

一般的法律责任构成都有五个要件：主体、行为、损害结果、因果关系和过错。[1]在这五个要件中，主体是行为人，即做出违法或违约行为的人。行为是行为人的一系列动作，包括行为的内容和方式，是行为的客观方面的核心内容。过错是行为人行为时的主观心态，是行为的主观方面，是抽象的人脑的信息活动，不具有时空性，过错的存在与否要通过对行为事实的分析得出。因为"通常，行为具有一定的外部作用力，具有具体考察的可能性，因而属于证据的直接作用对象。但是，支持行为的内心意志并不直接作用于外界，一般只能通过行为方式、行为工具以及其它间接的事实等客观要素加以逻辑的推断"。[2]所以，过错事实不是独立存在的事实。行为的客观方面和主观

---

〔1〕　参见张文显主编：《法理学》，高等教育出版社、北京大学出版社 2003 年版，第 146~147 页。

〔2〕　陈浩然：《证据学原理》，华东理工大学出版社 2002 年版，第 137 页。

方面是行为的内外不可分割的两个要素，主观通过客观体现，客观是主观的外化，客观离开主观就没有意义，主观离开客观就无以着落，行为和过错都是行为本身的核心内容。损害事实是行为作用于行为对象后的损害结果，因果关系是行为同行为对象损害结果之间的联系，是抽象的客观存在，不具有时空性，因果关系的存在与否要通过对行为事实与损害结果事实的分析推理得出，也不是独立存在的事实。

所以，在构成法律责任的五个要件中，涉及的事实实际上只有主体事实、行为事实和行为对象的损害结果这三个事实，过错事实和因果关系事实都是基于前三个事实分析推理得出的结果。[1]

2. 行为控制规律对法律责任构成事实证明的意义

如前所述，行为领域是由行为人、行为、行为对象和环境四个要素构成的动态系统，行为领域的事实包括行为人、行为对象、行为和行为环境四个要素的事实。法律责任构成事实实际上只有行为人、行为事实和行为对象损害结果的事实，[2]而行为对象损害结果的事实又是行为对象事实的一个部分，可见所有法律责任构成事实都包含在行为领域的事实中。而且，法律责任构成要件事实与行为领域的要素事实高度契合，所以如果

----

〔1〕 过错"事实"和因果关系"事实"都是德日学界待证事实分类说中的不能从外界感知的内界事实，前三个事实则是可以感知的外界事实。待证事实分类说认为主张内界事实的无需举证，因为内界事实不可感知。实际上，根据辩证唯物主义理论，主观表现为客观，客观反映主观。所以，"内界事实"不是无需举证，而是通过对客观事实的举证来证明，即通过对行为人、行为和行为对象的事实的证明来推理证明。

〔2〕 参见沈宗灵主编：《法理学》，北京大学出版社2003年版，第223页。"违法行为有四个构成要素，即违法的主体、违法的主观方面、违法的客体和违法的客观方面。"

行为领域的事实得到证明，法律责任构成事实就能得到证明。[1]如果法律责任构成事实得到证明，特定的法律责任条款规定的要件事实的证明就不是问题，抽象的待证事实的证明也就不是问题。

所以，根据行为控制规律的指引，完全能够解决法律责任构成等抽象的待证事实的证明问题。

二、具体的待证事实与行为控制规律

具体的待证事实是当事人陈述的具体的争议的事实，是案件审理过程中要求当事人提供证据证明的事实。行为控制规律能不能对具体的待证事实的证明发挥指导作用呢？

1. 行为控制规律对具体的待证事实证明的意义

如前所述，具体的待证事实是感性的，其中的要件都是可以感知的具体的人、行为、结果和环境。比如，前面的"彭宇案"的关键的争议事实是"原、被告是否相撞"。该争议事实中，人是"原、被告"，行为是"撞"，对于结果和环境双方没有争议，即"对于本案的基本事实，即 2006 年 11 月 20 日上午原告在本市水西门公交车站准备乘车过程中倒地受伤，原、被告并无争议"。可见，本案争议事实的各个要件都很具体。

因果关系和过错在争议焦点中没有反映，但在判决书后面有具体的论证和认定。经论证后"本院认定原告系与被告相撞后受伤"，且"对本次事故双方均不具有过错。因此，本案应根据公平责任合理分担损失"。也就是说，因果关系和过错要件事实是依据具体的人、行为、结果和环境具体论证的，而不是通过证据证明的。

---

〔1〕 证据分布规律中意志自由范围与行为控制领域的一致性，完全符合并证明了法律责任归责之过错责任原则的哲学根据，即相对意志自由。

综上，具体的待证事实的要件还是主体、行为、损害结果、因果关系和过错，要件的构成与抽象的待证事实一样，只不过一个是"具体的"，一个是"抽象的"。所以，具体的待证事实的要件与行为领域的事实也是契合的。那么行为领域的事实如果能得到证明，具体的待证事实也就能得到证明，这一点与抽象的待证事实一样。所以，遵循行为控制规律完全能够解决具体的待证事实的证明问题。

2. 具体的待证事实是行为控制规律发挥作用的条件

不过，具体的待证事实与行为控制规律的关系远不止于此。具体的待证事实不但本身是具体的事实，而且形成于双方具体的事实陈述中，不管真假，都是可以感知的事实，都能反映具体的信息流动过程。这就为行为控制规律的运用提供了直接的基础条件，法官可以运用行为控制规律判断当事人陈述的事实过程中的信息分布情况，进而正确分配当事人对争议事实的举证责任。所以，具体的待证事实是行为控制规律发挥作用的条件！

这个条件，抽象的待证事实是不具备的，原因就是因为它的"抽象"！抽象只能反映思维过程的信息流动，不能反映行为过程的信息流动。所以，抽象的待证事实不但不能用证据直接证明，而且不能为分配举证责任提供直接条件。然而，抽象的待证事实因为是实体法的规定，却只能是类型化的、抽象的，这是它的尊荣，也是它的宿命！

第六章
控制者自证其当原则

第一节 程序价值对举证责任分配的要求

程序价值是程序的灵魂，决定着程序制度的功能设置和程序行为的目的选择，因而决定着举证责任分配制度的功能设置和举证责任分配行为的目的选择，举证责任分配制度的功能设置和举证责任分配行为的目的选择都应该体现程序价值的具体要求。

对于程序价值，樊崇义教授有过深刻的论述。"我们认为，自由与秩序、公正与效率应当是诉讼价值体系中最重要的两对价值……公正包括实体公正和程序公正两层含义，前者指通过诉讼活动实现法律对人们实体权利义务的合理分配，又称之为'结果公正'，后者指诉讼活动过程自身所体现出的合理性、妥当性，也称之为'过程公正'；效率是指以一定数量司法资源的耗费实现对尽可能多的诉讼案件的处理。"[1]

举证责任分配制度是证据制度的一部分，发现事实是证据制度的基本功能。所以，自由与秩序价值在证据制度上会体现为一些既定权利的使用与放弃，以及对既定制度的遵守，但基本上与事实发现制度的设计和制定无关，不是证据制度的基本

---

[1] 樊崇义主编：《诉讼原理》，法律出版社 2003 年版，第 64 页。

价值，因而也不是举证责任分配制度的基本价值。所以，"应当注意的是，诉讼效益是诉讼程序的内在要求，它和程序公正共同构成了诉讼程序的内在价值"，[1]而"要把握二者之间的关系，必须坚持以下两点，即公正为基础、效益为关键"。

一、程序公正对举证责任分配的要求

1. 保证最大可能地查明案件客观事实

诉讼法规定的基本任务是保证"正确实施法律"，这里的"法律"是相应的实体法法律，所以诉讼法的基本功能就是保证实体法正确实施。这种功能定位决定了诉讼程序的价值依附性，实体法的基本价值也是公正，所以程序公正要最终体现为实体公正，不能保证实现实体公正的程序公正并不是真正的公正，而至多是一种程序处理。

然而，实体法原本就是立法者的价值判断的规范性语言表达，不同的司法人员可能有不同的理解，实体错误从根本上讲是无法判定的，所以，在立法层面上设计科学程序保障实体公正就是程序立法的根本的、核心的任务。正是这个原因，错案在司法层面上不是实体概念，而是程序概念。凡是违反程序办理的案件就是错案。也只有这样，错案才能有标准可言，才能有结案。

实体法的正确实施要以查明的真实的案件事实为前提。"争执事实的真实再现，是实体公正的首要标准。诉讼制度除了具有保护当事人诉讼权利的意义外，还要承担起查明案件事实，正确适用实体法的任务，后者是整个诉讼活动的核心内容和目的指向，并且事实认定是法律适用的基础。"[2]任何片面的、错

---

〔1〕　樊崇义主编：《诉讼原理》，法律出版社2003年版，第186页。

〔2〕　樊崇义主编：《诉讼原理》，法律出版社2003年版，第177~178页。

误的、模糊的事实判断都意味着价值判断的倾斜、错误或无所适从，其结局都将归于实体裁决的不公正，当然，这里假设实体法的价值判断均是公正的。

所以，诉讼活动发现事实应以再现客观事实为最高标准，相关程序法应以发现客观事实为最高目标，并作相应的程序设置。

真理的相对性使前述要求只能成为理想，但它必须是我们应当追求的理想，并施之以现实的行动，即现实的制度设计，那就是：我们的诉讼法必须能保证诉讼主体通过诉讼活动，可以穷尽一切当代认识手段而最大可能地发现客观事实。因为"如果在诉讼过程中能够发现案件的客观真实情况是最好不过的事情"。[1]但在程序用尽之后的事实才是我们据以作出价值判断的依据。这穷尽一切程序手段之后的事实不妨称之为法律事实，谓之"通过诉讼程序最终认定的事实"。[2]但不用时下多用的"法律真实"，因为事实本来就是真实情况。

在此，我们切不能因为有了法律事实的概念和证明要求，而忘记了我们的最高目标，并进而不去为了这一目标致力于最优的诉讼程序的设置和运用。我们不能以此为借口，强调诉讼活动履行完了既有诉讼程序就完成了事实判断，以为法官可以从原来的"以事实为依据"中解放出来，终于可以松口气了。所以，法律事实的概念只能作为诉讼证明的客观结果概念使用，而不能作为诉讼的目的概念使用，我们的诉讼证明的目的应该

〔1〕 樊崇义主编：《刑事诉讼法原理与适用》，中国人民公安大学出版社2001年版，第32页。

〔2〕 樊崇义主编：《刑事诉讼法原理与适用》，中国人民公安大学出版社2001年版，第29页。

是最大可能地发现客观事实。[1]但我们总的指导原则仍然可以是"以事实为依据",只是这一原则应理解为:在立法上以发现客观事实这一目标作制度设计,在司法上以发现法律事实作现实处理。

在个案审理中,并不是所有的案件事实都会发生争议,一旦出现有争议的"具体的待证事实",举证责任分配就不可避免。举证责任分配就是要通过在诉辩双方之间分配提供证据的义务,促使证据的全面收集,查明具体的待证事实,进而查明案件事实。而举证责任分配原则应属于立法上的事,这一原则的确立应以最大可能地发现客观事实为目标。所以,程序公正对举证责任分配的根本要求是最大可能地查明案件的客观事实。

为了最大可能地查明案件的客观事实,原则上持有证据的人都有提供证据的义务。在诉辩当事方之间,案件证据分布在哪一方,哪一方就有提供证据的义务,就要承担举证责任。这就是程序公正价值对举证责任分配的首要的、直接的要求。

2. 体现诉辩双方诉讼权利的实质平等

主体之间的诉讼权利平等是实现主体之间关系内容的公正的基本条件,所以诉讼制度和行为都要保证和体现诉辩双方的诉讼权利平等。为此,我国诉讼法确立了诉辩双方权利平等的基本原则。如《民事诉讼法》第 8 条规定:"民事诉讼当事人有平等的诉讼权利。人民法院审理民事案件,应当保障和便利当事人行使诉讼权利,对当事人在适用法律上一律平等。"《行政诉讼法》第 8 条规定:"当事人在行政诉讼中的法律地位平等。"《刑事诉讼法》第 14 条规定:"人民法院、人民检察院和公安机关应当保障犯罪嫌疑人、被告人和其他诉讼参与人依法享有的

---

〔1〕 何家弘:"论司法证明的目的和标准",载《法学研究》2001 年第 6 期,第 52 页。

辩护权和其他诉讼权利。诉讼参与人对于审判人员、检察人员和侦查人员侵犯公民诉讼权利和人身侮辱的行为，有权提出控告。"可见，平等原则在《民事诉讼法》和《行政诉讼法》中是有明确规定的，即便是《刑事诉讼法》也通过对辩护权和控告权的规定平衡了诉辩双方的诉讼地位和权利义务关系。

权利平等首先意味着当事方都要在同一个制度平台上，即地位平等。不同的制度平台会有不同的资源和环境条件，诉讼对抗就不可能保证结果公正。但是，同一个制度平台只能保证该平台范围内的资源和环境条件的平等，无法保证当事各方先天条件的平等。这就好像在同一个火车站站台上的拥挤的人群里并排站立的两个个子不同的人，高个子就能看得更远，矮个子只能看到周围的人。如果让两个人叙述当时观察到的场景，高个子会说得比较全面，而矮个子就局限于眼前的人而比较片面。所以，虽然这两个人有平等的机会进入客车，但在两个人叙述当时场景的这件事情上，两个人虽然站在同一个平台上，但仍然不公正，因为两个人仍然不平等，而不平等的原因在于两个人先天个子上的"不平等"。

所以，平等并不仅仅意味着给与相同的资源和环境条件，还要看让当事主体做什么事。享有相同的资源和环境条件是制度平台上的平等，是实现平等的重要条件，但形式意义仍然大于实质意义，在此基础上根据主体已有条件差异地安排具体事项才是实质的平等。程序公正就是应该在不同的具体诉讼程序和活动事项上，保证和体现诉辩双方的实质平等，实现"形式平等与实质平等关系的统一"。[1]

举证责任分配是非常重要的具体诉讼程序和活动，举证责

---

〔1〕 江伟主编：《民事诉讼法》（第4版），高等教育出版社2013年版，第36页。

任分配应该保证和体现诉辩双方的实质平等。目前的三大诉讼法已经为不同的纠纷主体搭建了同一的诉讼平台，如何在举证责任分配程序和活动中体现实质平等，还要根据诉辩双方进入诉讼前的已有条件做出安排。这个条件不是双方的个子或体重等，也不是难以把握的举证能力，而是案件证据在双方的分布情况。案件证据分布在哪一方，哪一方就有提供证据的义务，就要承担举证责任。

二、效益对举证责任分配的要求

效益原指经济活动中资源投入获得的效果和利益，所以往往与经济效益是同一个含义。但是，作为程序价值的"效益"的主要内涵并不是经济效益，甚至没有经济效益。我国的三大诉讼法的基本任务都没有提及经济效益或与经济效益相关的内容，具有"效果"意思的语词是"及时"和"维护……秩序（法制）"等。其中，"及时"是时间效益，"维护……秩序（法制）"是社会效益。所以，"效益"是我国诉讼法的价值，但并不包含经济效益。

波斯纳在《法律的经济分析》中，从法经济学角度探讨了程序法的资源配置问题，包括刑事和民事诉讼法的经济目标问题。从当事人角度和社会角度考量了错判成本、制度运行成本，认为"从经济学的角度看，诉讼制度的目的就是要使两类成本之和最小化"。[1]这个观点没有法律依据，我们在所有的诉讼法规定的目的中没有看到成本最小化的目的。

这个观点在理论上也是值得商榷的。即便法经济学的理论支持了法的"效益"价值选择，而且"效益"的内涵主要是经

---

〔1〕 ［美］理查德·A. 波斯纳：《法律的经济分析》，蒋兆康译，法律出版社2012年版，第289页。

济效益，但是那也是实体法中的"效益"，并不意味着诉讼法中具有同样含义的"效益"价值。因为实体法本来就是调整社会主体实体权利义务关系的行为规范，经济效益当然是立法者的主要考量因素之一，法经济学也就是因为这个原因才得以与制度经济学相对接，并从中找到理论依据。但是，诉讼法作为解决实体法权利义务纠纷的程序法，直接面对的是"纠纷"，是实体权利义务的争议，诉讼法就是要通过实体法的正确适用解决纠纷。所以，诉讼法并不是直接调整当事人的实体权利义务的，并不直接调整当事人的利益，虽然纠纷解决的结果必然调整了当事人的利益，但是那也只是实体法适用的结果，也只是实体法调整的结果。所以，诉讼法的"效益"价值并不包含"经济效益"内涵，诉讼法中的"效益"就是"时间效益"和"社会效益"。

在诉讼法的两个"效益"内涵中，"时间效益"是直接的、具体的效益，"社会效益"是间接的、根本的效益。"时间效益"已经是对程序制度和诉讼行为的具体要求，表现为具体的时间安排。"社会效益"的实现则有赖于"公正""时间效益"等价值的实现，并不能向具体的程序制度和活动提出具体要求。

举证责任分配作为诉讼程序中的具体制度和活动，除了满足程序公正的价值要求外，还应该在证据收集环节满足"时间效益"的价值要求，即要能够及时收集证据。为了及时收集证据，让持有证据的一方提供证据无疑是最便捷、最有效的安排。所以，"效益"对举证责任分配的要求是：案件证据分布在哪一方，哪一方就有提供证据的义务，就要承担举证责任。

综上，公正和效益对举证责任分配的要求都是：案件证据分布在哪一方，哪一方就有提供证据的义务，就要承担举证责任。

这个结论，在立法中已经有直接的体现。如《民诉法解释》第112条规定："书证在对方当事人控制之下的，承担举证证明责任的当事人可以在举证期限届满前书面申请人民法院责令对方当事人提交。申请理由成立的，人民法院应当责令对方当事人提交，因提交书证所产生的费用，由申请人负担。对方当事人无正当理由拒不提交的，人民法院可以认定申请人所主张的书证内容为真实。"该条实际上规定了书证控制人的举证责任，因为书证控制人拒不提交的后果是对其不利的事实认定。该条规定还佐证了第一章第二节中对李浩教授分析的继承案件的另外一种具体化演绎后的结论，即原告有证据证明收养关系事实的《公证书》在被告处持有时，虽然收养事实不清，但是法官会继续审理案件要求被告提供《公证书》，否则就认定收养关系存在这个对被告不利的事实。

所以，案件证据分布在哪一方，或者在哪一方控制，哪一方就要承担举证责任，这是诉讼程序基本价值的自然的直接要求。

第二节 行为控制规律对举证责任分配的指导作用

一、行为控制规律是证据分布状况的判断依据

行为控制规律在对证据的信息本质的认识基础上，揭示了当事人的行为控制状态与证据在当事人之间分布的必然关系，即证据总是分布在控制了行为和行为领域的当事人一方。行为控制规律包括行为的控制决定证据的分布和控制的行为领域决定证据分布的范围两个方面的内容。

据此，要想知道案件证据分布在哪一方，就要看该证据所关联的行为归哪一方控制；要想知道哪些和多少证据分布在哪

一方，就要看这些证据所关联的行为领域归哪一方控制，或者哪一方控制的行为领域的多少和大小。一句话，只要知道了案件行为及其领域的控制情况，就能够知道证据的分布情况。证据分布情况的判断问题解决了，举证责任的分配问题就迎刃而解。所以，行为控制规律是证据分布状况的判断依据。

二、行为控制规律与案件事实

行为控制规律是案件发生发展过程中当事人的行为状态与证据在当事人之间的分布的必然关系，行为控制规律的作用场域是当事人具体的行为过程。而且，也只有具体的行为过程才能够蕴含和反映信息的流动状况，才能反映证据的分布状况，所以，行为控制规律中的"行为"是具体的行为。

在语言系统内，同样的事实可以使用不同层次的语词来表达，进而有不同的功能和表达效果。实体法规定的要件事实或抽象的待证事实，虽然也有"行为"和"行为领域"的事实，但都不是当事人具体的行为过程的事实，不是"案件事实"，不妨称之为"规范事实"以作为"案件事实"的对称。"规范事实"不能蕴含和反映案件发生发展过程中具体的信息流动情况，因而不是行为控制规律的作用场域。所以，行为控制规律不能依据"规范事实"指导证据分布状况的判断，而只能依据具体的案件事实指导判断。

"案件事实"根据证明与否，可以分为"未证明的案件事实"和"已证明的案件事实"。"未证明的案件事实"产生于诉辩双方的事实陈述中，但又不是具体的待证事实，因为具体的待证事实是双方争议的事实，是双方陈述不同的部分，而不是陈述的全部事实。"已证明的案件事实"是已经被证据证明了的案件事实，不包括具体的待证事实，即使具体的待证事实得到了证明，那也是"已证明的案件事实"，而不再有具体的待证事实。

但是，案件事实无论是"未证明"或"已证明"，因为表达的都是具体的行为过程事实，所以都会是行为控制规律的作用场域，都满足利用行为控制规律判断证据分布状况的条件。需要做出选择的只是，依据"未证明的案件事实"判断证据分布并分配举证责任，还是依据"已证明的案件事实"判断证据分布并分配举证责任。这个问题的结论当然是显然的，即应当依据"已证明的案件事实"判断证据分布并分配举证责任。

第三节　控制者自证其当原则

一、举证责任分配原则的初步生成

举证责任分配原则是人们在诉讼活动中进行举证责任分配时所遵循的基本准则。作为一种行为基本准则，举证责任分配原则既要体现举证责任分配的价值选择，又要反映和依据人们对行为对象的本质和运动规律的认识，这样才能对具体的举证责任分配规则和行为发挥有效的总指导和总规范作用。

公正和效益是诉讼程序的基本价值，因而也是举证责任分配制度的价值选择，是举证责任分配原则的主观根据。行为控制规律是证据分布的基本规律，因而是举证责任分配原则的客观根据。

由于诉讼程序基本价值的自然的直接要求是：案件证据分布在哪一方，哪一方就要承担举证责任。但是，证据的分布状况并不总是明显可见的，而基本上都是需要作出正确判断的。行为控制规律指出行为控制状况决定证据在当事人之间的分布状况，行为控制规律是证据分布状况的判断依据，即证据总是分布在控制了行为和行为领域的当事人一方。所以，行为或行为领域的控制方就应该承担相关行为和行为领域的事实的举证责任，这是程序价值要求和行为控制规律作用的自然结论，应该是举证责任分配的基本准则。

二、控制者自证其当原则

行为和行为领域的控制方应该承担相关行为和行为领域的事实的举证责任，那么是不是要让控制方提供所有分布在己方的证据，并证明自己控制的所有行为和行为领域的事实呢？这又涉及诉讼中的诉讼主体结构和诉讼法律关系的运行问题。

1. 对抗制诉讼模式对诉辩双方证明方向的确定

诉讼模式是立法者对诉讼规律和诉讼价值认识的反映，历史上曾经出现过弹劾制、纠问制等诉讼模式，即便现在还存在当事人主义、职权主义和混合主义等主义指导下的诉讼模式。但是，对抗制诉讼模式是现代诉讼模式的代表和主导模式。对抗制诉讼模式具有事实发现和人权保障两个非常好的又极其重要的功能，所以对抗制诉讼模式也是诉讼模式的未来趋势。我国三大诉讼法经过几轮修改，都抛弃了过去的职权主义指导下的诉讼模式，而基本上都采用了对抗制诉讼模式。

对抗制诉讼模式的基本机理是，在诉辩双方和法官三方之间构建一个诉辩双方地位平等、主张对立、相互攻防，和法官居间主持、裁决的诉讼平台。法官通过主持诉辩双方在平台上的对抗，使单方片面的事实主张得以对接，形成完整的事实；使虚假事实得以清除，留下真实事实；使法理越辩越明，使法律得以正确适用。对抗制诉讼模式一方面把法官真正置于居中的仲裁人地位，避免了职权主义模式中法官职权过多和利用司法职权时的可能的偏私，同时又充分尊重诉辩双方自由、发挥双方的和平对抗作用，有利于事实的有效查明和法理的有效辩明，从而最大可能地保证裁决的正确性。

对抗制诉讼模式在充分尊重诉辩双方自由、调动诉辩双方的积极性的同时，还与人权保障要求一致，尊重人的自卫权，不但允许诉辩双方作有利于己方的片面的事实主张，甚至虚假事实陈述，还不会要求任何一方作不利于己的主张，也不会要求任何一方作出不利于己的证明。对这一点，"法不强人所难"的格言和刑事诉讼法的"不得强迫自证其罪"原则足以说明。

但是，不要求做不利于己的主张和证明，并不意味着也不要求做有利于己的主张和证明。如果这样的话，就是没有任何要求了，诉辩双方就没有任何诉讼义务，法官将无法主持和推进诉讼，诉讼平台就会成为诉辩双方完全自由的格斗场，法官就是看客而不是裁决者，诉讼和诉讼法都将失去意义。所以，法律可以要求诉辩双方做有利于己的主张和证明。

这个结论与对抗制诉讼模式的基本过程是吻合的。我国三大诉讼法经过几轮修改，已经基本上确立了对抗制的诉讼模式。对抗制诉讼模式的基本过程大致如下：

（1）诉辩双方分别提出自己的诉求或抗辩及依据的事实主张；

（2）法官依据双方主张总结争议焦点，并就争议事实的证明分配举证责任；

（3）各自根据举证责任要求举证证明自己的主张；

（4）各自发表辩论意见，论证或反驳相关主张的成立与否和正当与否；

（5）法官根据证据判断双方主张是否成立，以及成立的主张是否有实体法依据，即主张是否有正当性，最后做出裁决。

以上基本过程在各大诉讼法的第一审程序规定中都有几乎相

同的反映，在前述引用的"彭宇案"的判决书中也有具体的反映。

在整个诉讼过程中，主张具有关键性的作用。主张是诉求或抗辩的依据，诉求或抗辩能否得到支持，就看主张是否有实体法依据，即主张有没有实体法上的正当性。主张的正当性是主张的具体事实向实体法要件事实趋近的抽象的证明过程，是逻辑证明过程，即抽象的待证事实的证明过程。在主张的正当性证明之前，必须完成主张的成立与否的证明，主张的事实不成立，主张的正当性证明是没有意义的。由于主张是具体的事实，所以，主张的证明过程是证据证明过程，即具体的待证事实的证明过程。可见，主张在整个诉讼过程中从不同的角度以不同的方式与诉讼的其它要素和活动发生实质性的联系。

概括而言，主张支持诉求或抗辩，主张是实体法要件事实的判断依据，主张的成立依赖于证据的证明。没有主张，诉求或抗辩将失去支撑，实体法要件事实将失去依据，证据将失去证明对象，法官将无法总结争议焦点、分配举证责任和适用实体法作出裁决，诉讼将无从启动和推进。可以说，诉讼是围绕主张展开的。

从证明过程看，证据证明主张的成立，逻辑推理证明主张的正当性，主张的正当性支撑着诉求或抗辩。可见，诉讼中证明的方向和目标就是主张的正当性，而不是非正当性。

在诉讼实践中，当事人出于追求自己诉求或抗辩的目的，不会主张对己不利的事实，法官也不会要求当事人提出对己不利的事实主张。相应地，法官可以且应该要求其提供对自己有利的事实主张的证据，也就是提供具有正当性的事实主张的证据，而不应该要求其提供不具有正当性的事实主张的证据。

所以，对抗制诉讼模式对诉辩双方的证明方向是确定的，即主张的正当性。

2. 控制者自证其当原则

既然对抗制诉讼模式确定了诉辩双方的主张正当性的证明方向，那么要求用证据证明主张的成立时，应该沿着主张正当性的证明方向提出。如果被要求的一方不能完成这一正当性证明要求，就要承担不利的后果。

所以，行为或行为领域的控制方应该承担相关行为或行为领域的事实的举证责任分配的基本准则，在对抗制诉讼模式下，就应该调整为：行为或行为领域的控制方，应该承担其控制的行为或行为领域符合正当性的事实主张的举证责任。简言之就是：控制者自证其当。

控制者自证其当的基本准则基于证据本质及其分布的基本规律的科学认识，和对程序公正的基本价值的追求，是行为对象的本质和规律的要求的应然选择，也是行为人价值追求的应然选择，是客观要求与主观要求相结合的应然选择，是合理性和合目的性的统一。所以，控制者自证其当的基本准则应当是举证责任分配的基本原则。

控制者自证其当原则的完整内容是：行为或行为领域的控制者，应该承担其控制的行为或行为领域符合正当性的事实主张的举证责任，如果不能证明，必须承担对其不利的裁决后果。

根据以上论证过程，在实际运用时，控制者自证其当原则可以在两个层次上进行理解和运用。第一个层次是：证据信息的控制者承担其主张符合有关实体法规定的举证责任，可以简称为"证据控制者自证其当"。对这个层次的理解是表层的，运用是直接的、有条件的。之所以可以这样理解和运用，原因在于诉讼程序价值的自然要求和对抗制诉讼模式的证明方向的指示。所以在适用本规则时，首先要看当事人的证据控制情况，如果证据控制情况清楚明显，就可以直接要求控制证据的一方承担其主张符合实体法规定的举证责任，而无需进行证据控制情况的判断。所以，对这个层次的理解和运用简单易行。但是，一旦证据控制状况不清楚、不明显，就无法适用，不过这样却会有利于促进对下面第二个层次的理解。第二个层次是：行为或行为领域的控制者承担其控制的行为或行为领域符合有关实体法规定的事实主张的举证责任，可以简称为"行为控制者自证其当"。对这个层次的理解是深层次的，运用是间接的、无条件的。其原因在于证据控制情况并不清楚明显，需要依据行为控制规律对证据控制情况进行判断，以满足诉讼程序价值的自然要求和对抗制诉讼模式的证明方向的指示。所以，对这个层次的理解和运用是控制者自证其当原则原来的、完整的含义。

第七章

控制者自证其当原则的运用

控制者自证其当原则是举证责任分配的基本原则，而且基本上是理论论证的结果。这个原则怎么用、能不能用、好不好用，还需要结合具体诉讼进一步探讨和检验。

第一节 控制者自证其当原则在民事诉讼中的运用

一、控制者自证其当原则在侵权诉讼中的运用

根据侵权行为的归责原则，通常将侵权分为一般侵权和特殊侵权。其中一般侵权适用过错责任原则，特殊侵权适用无过错责任原则，不同的归责原则反映立法者对不同形式的侵权行为的价值判断。

在诉讼中，这种划分对过错的举证责任分配和认定有直接意义。但并不能因此得出：一般侵权由原告举证，特殊侵权由被告举证。而是要看当事双方在侵权行为发生时的行为控制情况。

（一）权利存在的事实的举证责任

权利存在的事实是实体法要件事实，但是在具体案件中，这个要件事实是要通过对诸如生产、购买和人身的生存状态等具体事实的证明进行的。

根据控制者自证其当原则，主张权利被侵犯的一方首先须承担权利存在的具体事实的举证责任。因为权利的存在，必然

是由引起权利发生的具体法律事实导致，其中财产权可能因生产、转让而取得，人身权因生存而拥有。如果该项权利在其主张的具体侵权行为发生时还存在，导致权利取得的行为必然由主张者作出并控制，证据就会分布在自己控制的范围内。如购买这一财产行为由权利主张者控制，所以财产转让时的票据、证书等证据本身是权利人付出对价时，处于对付出对价行为的控制者地位而取得，所以权利主张者必须举证证明其权利存在的具体事实。人身权因独立存在的人身本身就是权利的客体，人身权人对自己的人身权存在的事实因其人身的客观存在而直接得到证明。

（二）权利受到侵犯的事实的举证责任

主张权利被侵犯的一方是否还要举证证明其权利受到被告方的侵犯，要看具体事实情况。

（1）当权利被侵犯时，权利客体处于权利人的控制之下时，该事实由权利人举证证明。因为被侵犯的权利客体作为侵权行为对象的物、人身，在侵犯行为发生时处于权利人的控制领域，侵权人的侵权行为只能通过各种方式在权利人控制下的行为对象上留下各种信息即证据。所以，处于侵权行为对象控制者地位的权利人应证明其权利被被告方侵犯的事实。

比如，某甲主张某乙碰坏了他座下的摩托车，由于受损摩托车在受损时由甲控制，乙碰坏甲的摩托车的主要行为必然作用于甲的摩托车上，从而留下相关信息，所以甲应当掌握摩托车被碰时被告的相关信息，并因此负举证责任。

又比如，某甲主张某乙在殴斗时刺伤甲，由于甲殴斗时的人身处于甲控制之下，乙刺伤甲的主要行为必然作用于甲的人身从而留下相关信息，所以甲应当掌握殴斗时刺伤他的人的相关信息，并因此负举证责任。

（2）当权利被侵犯，权利客体即行为对象处于侵权人控制领域之内时，由于侵权人的侵权行为所留下的信息不能为权利人所知晓或控制，则权利人只需证明权利客体受损是发生在侵权人控制期间。即权利人只对其控制权利客体期间的正当性举证，而侵权人要对其控制权利客体期间的正当性举证。权利人证明内容是权利客体在被侵权人控制前处于良好状态，且侵权人就是控制权利客体并在其控制期间发生损害的人。反过来，控制者就要举证证明在其控制期间其行为的正当性，以及行为与损害结果无因果关系，即在控制期间怎么正当对待权利客体，且这种对待不是导致损害结果的原因。

比如，某甲借给某乙一辆汽车使用一天。一天后汽车发动机报废，甲起诉乙要求乙赔偿。甲须先证明在借给乙之前汽车发动机状况良好，接手时就发现发动机报废。而乙如要反驳甲的主张则须证明在其借用期间自己怎么正常使用汽车，且不是因为这种使用导致损害事实的发生，否则就要败诉。

（三）过错的举证责任

前述证明活动完毕，权利人无须按照所谓的侵权构成要件的要求，再举证证明侵权人的过错。因为过错作为行为者的主观样态，从来都是通过客观侵权行为来反映的，其主观意识活动始终在侵权行为人的控制之下。所以，过错责任原则的适用又都是通过过错推定来完成，即当权利方完成了侵权人侵犯了其权利的事实的举证责任后，就推定被告有过错。[1]侵权人如

---

〔1〕 王泽鉴：《侵权行为法》（第1册），中国政法大学出版社2001年版，第15页。"关于过失的有无，原则上应由被害人负举证责任。法谚有言：'举证之所在，败诉之所在。'为使被害人有较多受偿的机会，法院常就事实上推定等方式减轻原告举证的困难。"王利明主编：《民法学》，中国广播电视大学出版社1995年版，第526页。"在某些情况下，当行为人的过错无法判明或法律有特别规定时，可以实行过错推定，过错推定是适用过错责任原则的一种方法。"实际上，现实审判实践均采过错推定方式。

果反驳说自己没有过错，则只能由侵权人对其侵权行为的正当性举证，即证明无过错。[1]例如，消费者证明了某产品缺陷损害其人身健康后，产品制造者是生产行为的控制者，产品侵权实际上是其生产行为的延伸，生产者应举证证明其正当性，即证明产品质量符合有关标准。

（四）损害事实的举证责任

最后，主张权利人还要证明其权利受到侵犯后造成的具体损害事实。因为当权利客体受到侵犯后，受损客体作为行为对象还在权利人控制领域之内，权利人作为控制者应证明其受损事实。如果权利客体被侵权人侵占，则因权利人在前面已经证明了对客体的权利，所以，首先可以要求返还。返还后如发现客体损坏，则因客体被侵占前和返还后受损处于权利人控制领域内，所以，权利人应证明客体受损事实，否则其损害赔偿主张便得不到支持。

（五）彭宇案中控制者自证其当原则的运用

在彭宇案中，原告承担了被告"撞"了原告的事实的举证责任。原告提交了城中派出所提交的对原告的询问的笔录、对被告讯问的笔录的电子文档及其誊写材料、法院与办案民警的谈话笔录等证据。后来法官结合其它事实，如公交车到站情况、垫付的医疗费等展开分析推理，认定"撞"的事实存在，认可原告完成了"撞"的事实的举证责任。至于被告举出陈某春的证人证言，其意在反驳原告的"撞"的事实主张，但是，法官认定该证人证言"并不能证明原告倒地的原因，当然也不能排除原告和被告相撞的可能性"，即宣布在原告完成举证责任后，被告举证不能。

---

〔1〕 这正是待证事实分类说中主张内界事实者不负举证责任的真正科学根据。

这个举证责任分配过程完全符合控制者自证其当原则，因为原告主张被"撞"时的行为是由原告自主控制的，那么，"撞"原告的证据就会分布在原告控制的行为领域，原告就要承担被告"撞"了原告的事实的举证责任。

有人也许会有质疑，认为根本就没有证据分布在原告控制领域，否则，原告怎么会依赖警察的笔录、证言呢？是的，在本案中，在现有社会交往情况和技术条件下，原告被"撞"时似乎没有留下或被分布任何证据，看不出原告控制自己的行为与证据分布有关系。但是，这只是在现有社会交往情况和技术条件下的感觉。设想一下，如果原告被撞是事实，原告在被撞后，把被"撞"的部位放到显微镜下检测，一定能检测出被告撞击部位物件或身体上的遗留物，这个遗留物就是物证，就是被撞的有力证据。或者设想，原告身上装有行动记录仪，如果被撞了，记录仪记下了被撞的瞬间，这个记录就是电子数据，也是被撞的有力证据。注意，这两个设想的有效须以原告被撞时能够自主控制自己的行为为条件。否则，他就被控制。撞他的人可以事先"清场""布局"，比如，在原告身上包裹或覆盖东西，事后取走、焚烧留有"遗留物"的包裹、覆盖物，也可以事先遮挡、破坏原告身上的记录仪。所以，行为的控制与否完全会有不同的证据分布情况，不能因为现有交往情况和技术条件就否定证据分布规律及控制者自证其当原则。

该案中，原告还承担了损害事实的举证责任，其证据有住院记录、医疗费票据、鉴定报告等。其它的两个要件事实，即侵权行为与损害结果之间的因果关系和被告的过错并没有具体的证据证明。因果关系是结合已有证据和事实论证而来，即"本院认定原告系与被告相撞后受伤，理由如下"。被告的过错也是一样，即"原告在乘车过程中无法预见将与被告相撞；同时，被告在下车过程中因为视野受到限制，无法准确判断车后门左右的情况，故对本次事故双方均不具有过错。因此，本案应根据公平责任合理分担损失。"

在彭宇案的事实证明过程中，我们没有看到举证责任或证明责任字样，也没有看到"要件事实""待证事实"等字样，也没有引用这个学说、那个学说。而是就事论事，该用证据的用证据，该论证的论证，与实体法要件事实对应的具体事实一个也不少，证明过程和脉络是清楚的。

我们看到，控制者自证其当原则完全适用这个具体案件的事实证明过程，其证明过程也完全符合控制者自证其当原则的要求。可以说，其证明过程充分印证了控制者自证其当原则，证明了控制者自证其当原则的现实可行性和有效性。

（六）特殊侵权的举证责任无需倒置

我国《民事诉讼法》第64条规定："当事人对自己提出的主张，有责任提供证据。"所以，从立法层面看，民事诉讼举证责任的分配原则还是古老的"谁主张，谁举证"原则。

接着，《民诉法解释》第91条规定："人民法院应当依照下列原则确定举证证明责任的承担，但法律另有规定的除外：（一）主张法律关系存在的当事人，应当对产生该法律关系的基本事实承担举证证明责任；（二）主张法律关系变更、消灭或者权利受到妨害的当事人，应当对该法律关系变更、消灭或者权利受到妨害的基本事实承担举证证明责任。"该司法解释明确了《民事诉讼法》第64条的举证责任分配的原则地位，同时，对该原则予以细化。

与此同时，还在施行的《最高人民法院关于民事诉讼证据的若干规定证据规定》（以下简称《证据规定》）第4条规定："下列侵权诉讼，按照以下规定承担举证责任：

（一）因新产品制造方法发明专利引起的专利侵权诉讼，由制造同样产品的单位或者个人对其产品制造方法不同于专利方法承担举证责任；

（二）高度危险作业致人损害的侵权诉讼，由加害人就受害人故意造成损害的事实承担举证责任；

（三）因环境污染引起的损害赔偿诉讼，由加害人就法律规定的免责事由及其行为与损害结果之间不存在因果关系承担举证责任；

（四）建筑物或者其他设施以及建筑物上的搁置物、悬挂物发生倒塌、脱落、坠落致人损害的侵权诉讼，由所有人或者管理人对其无过错承担举证责任；

（五）饲养动物致人损害的侵权诉讼，由动物饲养人或者管理人就受害人有过错或者第三人有过错承担举证责任；

（六）因缺陷产品致人损害的侵权诉讼，由产品的生产者就法律规定的免责事由承担举证责任；

（七）因共同危险行为致人损害的侵权诉讼，由实施危险行为的人就其行为与损害结果之间不存在因果关系承担举证责任；

（八）因医疗行为引起的侵权诉讼，由医疗机构就医疗行为与损害结果之间不存在因果关系及不存在医疗过错承担举证责任。

有关法律对侵权诉讼的举证责任有特殊规定的，从其规定。"

由于这些举证责任分配的规定没有完全遵循《民事诉讼法》及其司法解释关于举证责任分配的原则，所以，学界称之为举证责任倒置。这些"倒置"规定在后来的有关实体法中也有几乎相同的规定。如《侵权责任法》从第 66 条到第 91 条规定了几十个特殊侵权行为的举证责任分配方式，"倒置"的情形有增无减，而且直接进入实体法立法。

"倒置"是相对于"正置"而言，所谓"正置"就是举证责任分配的"谁主张，谁举证"原则。实际上，如此多的"倒置"已经让"正置"的原则不堪重负，谁"正"谁"倒"已经说不清了。

但是，这些被"正置""倒置"的举证责任，如果适用控制者自证其当原则来分配，就会得到统一，就会都"正"过来。下面只就被"倒置"的情形逐一分析：

（1）在因新产品制造方法发明专利引起的专利侵权诉讼中，制造同样产品的单位或者个人作为被告被诉侵权。在侵权事实的证明上，根据控制者自证其当原则，原告首先要举证证明被告"制造同样产品"，因为被告的专利产品已经进入公共领域，而作为被侵权专利的载体的产品及其生产过程完全在自己一方控制领域之内。原告的这个举证责任完成后，被告应该证明自己的产品使用的生产方法的正当性，即"对其产品制造方法不同于专利方法承担举证责任"。因为，被诉的侵权行为就是相同产品的生产方法的使用过程，也就是相同产品的生产过程，而被告相同的产品的生产过程完全在被告的控制领域之内，那么，根据控制者自证其当原则，被告就得"对其产品制造方法不同于专利方法承担举证责任"。所以，在控制者自证其当原则指导下，无论是原告还是被告，都不会出现举证责任"倒置"情况。

（2）高度危险作业致人损害的侵权诉讼，也就是"危险领域说"的危险领域的诉讼。在这种诉讼中，原告在被告的高度危险作业领域受害后，根据控制者自证其当原则，理应由被告举证证明其致害行为的正当性，也就是由加害人举证证明其致害行为没有过错。

这里认定控制者时，还存在控制认定中的认识因素问题，即意志自由问题。作业、领域和侵权责任法中的物件是否危险，作业人、主人或管理人是清楚的，危险事态是受其控制的，但受害人却不一定清楚。如果受害人不清楚，就是缺乏认识因素，受害人的意志自由就无从谈起，也就不存在对自己冒险行为的控制。所以，被告应当举证证明自己已经对控制的危险事态尽到了充分的明确的防范义务。比如充分、明确的警示和隔离等，即承担自己没有过错的举证责任。这对规范说指导下的原则而言属于举证责任倒置，只是倒置的内容不是"就受害人故意造成损害的事实承担举证责任"。原因在于受害人的行为除了可能的认识因素缺乏外，仍然有意志自由，其行为不一定是自己控制，但也不是被危险作业人控制。

实际上，司法实践中，被告"就受害人故意造成损害的事实承担举证责任"时，还是要通过证明对危险事态尽到了充分的明确的防范义务来推导"受害人故意"，而不是直接证明"受害人故意"。这个规定和后来的《侵权责任法》中的"高度危险责任"和"饲养动物致损责任"的举证责任倒置的规定，意在提高被告免除责任的证明标准，以体现实质公正，但已经矫枉过正，在司法实践中是行不通的。

所以，在高度危险作业致人损害的侵权诉讼中，在控制者自证其当原则指导下，无论是原告还是被告，都不会出现举证责任倒置情况。

（3）在环境污染引起的损害赔偿诉讼中，污染行为由加害人控制，根据控制者自证其当原则，加害人应该举证证明其导致污染的行为的正当性，即举证证明其排污行为符合法律规定，或者无害于环境，也就是"就法律规定的免责事由"承担举证责任。

关于因果关系，因为作为污染行为的损害对象在受害人控制领域之内，其与加害人的污染行为进行接触的行为也是自己所控制的，所以，受害人应当承担因果关系的举证责任。但是，受害人只要举证证明受到损害和受损的对象存在于被加害人污染的环境中，就完成了作为原告关于因果关系的举证责任。因为，这里的"因"虽然是污染行为，但是，它首先破坏的是生物的生存环境，然后才对生物致害。加害行为人与行为对象受害人的接触点，也就是加害行为的作用点是被污染的环境，所以，加害行为作用点被证明了，因果关系就被证明了。这就像"彭宇案"原告举证证明"撞"的事实一样，只要"撞"的事实证明了，原告关于因果关系的举证责任也就完成了。

在受害人完成上述因果关系的举证责任后，加害人作为被告要避免不利裁决，就要举证反驳原告的因果关系证明结果。其反驳可以从两个方面展开，一是原告没有生存于被污染的环境中，这是直接针对原告的证据；二是原告的损害不是污染行为导致的，这涉及污染物对生物的作用机理，就如同"彭宇案"中"撞"的行为如何作用于原告身体，和会不会导致原告受伤。这两个方面都属于"其行为与损害结果之间不存在因果关系"的举证责任。其中，第二个方面之所以要被告举证证明，是因为污染行为由被告控制，污染物和行为过程的证据都分别在被告控制的领域，被告应该证明其行为的正当性，即"其行为与损害结果之间不存在因果关系"。

也许会有人质疑，即彭宇案中为什么没有让被告证明"撞"的行为与原告的伤害不存在因果关系呢？原因在于，不同行为的作用方式和机理是不同的，相应的因果关系的显现程度或判断难易程度是不一样的。彭宇案中，"撞"的事实认定后，是否撞伤就可以直接推定，完全不需要进行物理学、生理学等方面的分析，因此进一步分配举证责任毫无疑义。然而，污染行为致害就不同了。如果污染物不可能导致原告的损害，就不应当认定因果关系的存在。所以，应该给被告继续举证的机会，比如证明污染物是什么、其作用于生物的机理是什么，以及会不会导致损害等。

综上，在环境污染引起的损害赔偿诉讼中，在控制者自证其当原则指导下，无论是原告还是被告，都不会出现举证责任倒置情况。

（4）在建筑物等设施及物件致人损害的侵权诉讼中，因为对建筑物等设施及物件的使用或管理行为由所有人或者管理人控制，根据控制者自证其当原则，所有人或者管理人应该对其无过错承担举证责任。

所以，在建筑物等设施及物件致人损害的侵权诉讼中，在控制者自证其当原则指导下，也不会出现举证责任倒置的情况。

（5）在饲养动物致人损害的侵权诉讼中，动物的饲养行为由被告控制，但动物自己是可以行动的，动物的行动不一定受被告控制，而受害人的行为由受害人或第三人分别控制。那么，根据控制者自证其当原则，如果动物致人损害的行动由被告控制，被告应该承担自己无过错的举证责任。如果动物致人损害的行动不由被告控制，则原告或第三人应该承担自己无过错的举证责任。

所以，《证据规定》中的这一项与本款第二项一样，虽然规定了被告的举证责任，但证明对象不对，不应该是"动物饲养人或者管理人就受害人有过错或者第三人有过错承担举证责任"，而应该作如上调整。不过，调整后的举证责任按照规范说仍然属于倒置规则，而根据控制者自证其当原则就顺得很，根本不存在倒置。

（6）在因缺陷产品致人损害的侵权诉讼中，前文已有述及。因为产品的生产过程由产品的生产者控制，根据控制者自证其当原则，被告应该"就法律规定的免责事由承担举证责任"，举证责任分配也不需要倒置。

（7）在共同危险行为致人损害的侵权诉讼中，因为危险行为由相关行为人控制，原告在完成了危险行为致损的举证责任后，根据控制者自证其当原则，应该"由实施危险行为的人就其行为与损害结果之间不存在因果关系承担举证责任"。这里没有让实施危险行为的人承担无过错的举证责任，是因为实施危险行为本身就是错的，无须证明。

所以，在共同危险行为致人损害的侵权诉讼中，在控制者自证其当原则的指导下，举证责任分配也不存在倒置。

（8）在医疗行为引起的侵权诉讼中，因为医疗行为由医疗机构控制，而且，在医疗过程中，医疗行为对象也在医疗机构的控制领域之内。根据控制者自证其当原则，应该"由医疗机构就医疗行为与损害结果之间不存在因果关系及不存在医疗过错承担举证责任"。所以，仍然不存在举证责任分配倒置的情况。

可见，在《证据规定》规定的八种举证责任倒置的情形中，如果适用控制者自证其当原则，就不需要"倒置"，一切都是"正置"的。这充分证明了控制者自证其当原则的普遍适用性。

二、控制者自证其当原则在违约之诉中的运用

1. 权利方的举证责任

合同是平等主体之合约，合同成立即双方权利义务产生的是双方自主自愿的行为，订立合同时双方应当都是自己订约行

为的控制者。所以，根据控制者自证其当原则，主张他方违约的一方，首先应证明其要求他人履约的权利存在的具体事实，也是违约方相应合同义务的存在事实。这个分配结果与《证据规定》第5条"在合同纠纷案件中，主张合同关系成立并生效的一方当事人对合同订立和生效的事实承担举证责任；主张合同关系变更、解除、终止、撤销的一方当事人对引起合同关系变动的事实承担举证责任"的规定完全一致。

不过，如果主张权利一方存在先履行义务，则还应证明自己的义务已经履行。因为履行义务行为也当然是自主自愿行为，所以，自己是履行义务行为的控制者。具体而言，作为自己履行义务行为的控制者，每次义务履行后都有对方接受履行的表示，这个"表示"就构成双方信息的对流，履行义务方就占有了已履行义务的信息资源，即拥有了已经履行了义务的证据。那么，根据控制者自证其当原则，他就要承担先履行义务已经履行的举证责任。这个分配结果与《证据规定》第5条"对合同是否履行发生争议的，由负有履行义务的当事人承担举证责任"的规定完全一致。

2. 义务方的举证责任

在主张权利方完成举证责任后，剩下的关于被告是否违约，即未履行义务，或是否有过错的举证责任就全在被告。因为如果被告主张未违约，则因为他是义务履行行为的控制者，所以应负义务已经履行的举证责任；而如果被告称违约不是自己的过错，因为违约行为也在其控制之下，根据控制者自证正当原则，被告应负违约但无过错的举证责任，只是不负担有过错的举证责任。所以，我国民法关于违约行为的过错责任的适用方法，即过错推定是正确的，根本原因在于该方法符合证据信息流动和证据分布的基本规律。[1]

3. 违约损失的举证责任

接着，主张权利方在完成对被告违约的举证责任后，如要求赔偿损失，还需证明对方违约行为给自己造成损失。因为损失是违约行为导致的，是违约行为作用于行为对象的结果，而作为违约行为的行为对象在权利方的控制领域之内。例如，不按约交付设备使生产不能正常运行，这里的生产，作为违约行为即不交付设备行为损害的对象，当然在权利方的控制领域之内。同样，不交付设备与正常生产受损的因果关系也由权利方举证，因为因果关系是通过"因"的客观事实和"果"的客观事实推理判断的，而作为"因"的违约行为事实和"果"的损害结果事实都是需要权利方证明的。

4. 劳动合同争议仲裁、诉讼中举证责任"倒置"的"返正"

根据《民诉法解释》第91条规定的举证责任分配原则，《证据规定》中的举证责任分配倒置情形，并不局限于前述特殊的侵权诉讼，合同诉讼中也有。如第6条规定："在劳动争议纠纷案件中，因用人单位作出开除、除名、辞退、解除劳动合同、减少劳动报酬、计算劳动者工作年限等决定而发生劳动争议的，由用人单位负举证责任。"劳动争议纠纷是劳动合同履行过程中

---

〔1〕 王利明：《违约责任论》，中国政法大学出版社1996年版，第44页。"在合同法中，为维护非违约方的利益，减轻其过错举证负担，一般采取了过错推定的方式，即要求非违约方仅就违约方构成违约的事实举证，至于违约方是否具有过错，则由违约定反证证明。"彭万林主编：《民法学》（修订版），中国政法大学出版社1999年版，第644页。"关于违约者的过错问题，按我国《民法通则》的规定，过错是被推定的，即违约事实出现后，法律直接推定违约方有过错，债权人不负证明违约方有过错的义务，但允许违约方举证自己无过错，从而推翻法律的推定，以使自己不负违约责任。"

发生的纠纷，其仲裁、诉讼属于合同诉讼或违约之诉范围。但是，该条规定也没有按照规范说指导下的原则分配举证责任，而是把"作出开除、除名、辞退、解除劳动合同、减少劳动报酬、计算劳动者工作年限等决定"事项的举证责任都倒置给了被告用人单位。这已经是后来的"危险领域说"也无法解释的了，因为这类诉讼不是侵权之诉，而且，被告的单位通常都不是"危险领域"。

但是，根据控制者自证其当原则，一切都顺理成章。在劳动关系中，用人单位与劳动者在签订劳动合同时，双方是平等自愿的，双方各自控制着各自的行为，信息流动是对称的。所以，根据控制者自证其当原则，原告应该承担劳动关系成立的举证责任。但是，在劳动合同履行过程中，用人单位与劳动者之间形成了劳动管理者和劳动提供者之间的关系，劳动者的劳动行为在用人单位的劳动管理行为控制领域之内，而且，劳动管理行为也是由用人单位自主控制的，其中的劳动信息流动是不对称的。那么，根据控制者自证其当原则，被告用人单位应该承担劳动行为过程这一事实的举证责任，只是证明方向是决定的正当性，即承担作出开除、除名、辞退、解除劳动合同、减少劳动报酬、计算劳动者工作年限等决定的正当性的举证责任。

所以，在控制者自证其当原则指导下分配举证责任，劳动合同争议仲裁、诉讼中举证责任的倒置就会得到返正。

其实，合同主体之间在合同签订时的平等和履行过程中的不平等及其行为控制状态的演变现象，不仅仅在劳动关系中存在，像旅游者与旅行社之间、医疗机构与患者之间、养老服务机构与老人之间、教育培训机构与学员之间、行政管理者与行政合同相对方之间等，有关双方之间的关系都与劳动关系一样，有个演变过程。而且，随着社会分工合作的发展，这样的合同关系恐怕会越来越多。那么，在相关诉讼案件中，举证责任分配就不能再这么无厘头地无限地倒置下去了，应该根据控制者自证其当原则彻底地返正过来。

第二节　控制者自证其当原则在行政诉讼中的运用

我国《行政诉讼法》第34条明确规定："被告对作出的行政行为负有举证责任，应当提供作出该行政行为的证据和所依据的规范性文件。"在行政诉讼法学界，一般认为，相对于民事诉讼的举证责任分配原则，行政诉讼采用的是整体上的举证责任倒置。学界的基本解释是："第一，行政诉讼中所针对的诉讼标的是被诉行政行为的合法性，而该具体行政行为是由作为被告的行政机关做出来的，因此，对该具体行政行为的合法性来说，被告便处在主张者的地位。第二，被告相当于原告而言，有更优越、更现实、更充分的举证条件，让被告负责举证不会与公正、公平原则相冲突。在行政法律关系中，原被告处在管理和被管理的不平等的地位。第三，还有立法政策上的理由和行政导向方面的意义。"[1] 在这几点理由中，合法性之说和立法政策之说都是似是而非的，因为民事诉讼的当事人也要证明其民事行为的合法性，否则，其主张就不会得到支持。而在刑事诉讼中，立法政策更是不言而喻的。只有第二点的一句话"在行政法律关系中，原被告处在管理和被管理的不平等的地位"才涉及问题的根本，因为这句话涉及了行为控制情况和因地位不平等导致的信息流动不对称问题。

---

〔1〕　何家弘主编：《新编证据法学》，法律出版社2006年版，第267~268页。

我们知道，行政诉讼均是基于行政机关的具体行政行为提起，且均是行政相对人作原告，被告为行政机关。而行政机关的行为是行政管理行为，行为对象是行政管理相对人，也就是行政诉讼的原告。在行政管理过程中，行政机关不仅是自己行政管理行为的控制者，而且还管理着相对人及其行为。那么，根据控制者自证其当原则，被告应该总体上对自己作出的具体行政行为的正当性承担举证责任，否则，行政行为就要被宣布无效、责令撤销或变更，即承担举证不能的败诉责任。

在行政诉讼中，由于具体行政行为包括作为和不作为两种，行政相对人控告行政机关，要么主张其作为行为违法或不当，要求宣布无效、责令撤销或变更，要么主张其不作为行为违法或不当，要求行政机关积极作为，即作出被申请事项的行为。

当原告诉被告作为行为违法时，首先应证明被告行为的存在。因为原告作为行政相对人是行政行为对象，行政机关行为的结果必然达于相对人。而原告是行政作为的行为对象的控制者，所以，根据控制者自证其当原则，原告应承担被告对自己作出某具体行政行为的事实的举证责任。

当原告主张被告行政不作为违法或不当，要求其作为时，因为不作为总是相对于原告的申请行为，而申请行为是原告作出的，申请行为由原告自己控制，所以，根据控制者自证其当原则，原告应该举证证明自己曾经作出申请的事实。

关于被告具体行政作为行为的违法事实，因为具体行政行为是被告作出，是积极地行使行政管理职权的行为，是一种行使"权利"的行为。被告作为具体行政行为的控制者，应该承担其作为行为，即积极的行政管理职权行为的正当性的举证责任，被告要举证证明自己的作为行为符合实体法和程序法的规定，否则就要败诉。

关于被告具体行政不作为行为是否违法的事实，因为不作为是行为的特殊形态，本质上是不履行行政管理职责的行为，是一种不履行"义务"的行为。由于不作为行为也在被告的控制之下，被告仍然应该举证证明其不作为行为的正当性，要举证证明自己的不作为行为符合实体法和程序法的规定，否则就要败诉。

这个分配结果与《行政诉讼法》的规定完全一致。该法除了前面第 34 条的举证责任规定，第 69 条还规定："行政行为证据确凿，适用法律、法规正确，符合法定程序的，或者原告申请被告履行法定职责或者给付义务理由不成立的，人民法院判决驳回原告的诉讼请求。"该条规定用"适用法律、法规正确，符合法定程序"表达了正当性的证明方向和证明要求。

可见，如果在控制者自证其当原则指导下分配行政诉讼中的举证责任，就不会出现整体性倒置的情况。这也同时说明，证据的运动有深层次规律，在民事诉讼和行政诉讼中，举证责任分配完全可以有共同的分配原则。

第三节　控制者自证其当原则在刑事诉讼中的运用

一、刑事诉讼中现行的举证责任分配原则

我国原来的《刑事诉讼法》并没有关于举证责任的规定，随着理论研究的深入和司法实践的发展，新修改的《刑事诉讼法》对举证责任作出了明确规定。《刑事诉讼法》第 49 条规定："公诉案件中被告人有罪的举证责任由人民检察院承担，自诉案件中被告人有罪的举证责任由自诉人承担。"该规定明确了在刑事诉讼法院审理过程中被告人有罪的事实的举证责任在诉方，但没有规定辩方的举证责任，所以，刑事诉讼中现行的举证责

任分配的总原则就是：控方承担被告人有罪的举证责任。

行文至此，我们可能马上想到，控制者自证其当原则要遇到麻烦了，控制者自证其当原则最不能适用的就是刑事诉讼了。因为刑事诉讼中诉辩双方并不是犯罪行为时相互作用的双方，而且，没有听说有哪个国家规定，要让实施了犯罪行为的被告人承担什么举证责任。所以，为了避免错误或尴尬，恐怕唯一的可行办法就是，把刑事诉讼作为控制者自证其当原则的例外。而且这样处理并无不当，因为历来中外诉讼法理论都把刑事诉讼作为一个特别的诉讼来对待。比如，民事诉讼可以搞过错推定，而刑事诉讼则万万不能"有罪推定"。

的确，由于刑事诉讼的特殊性，即刑事诉讼是关于罪与刑的判定的诉讼活动，诉辩双方分别为国家和个人，诉讼结果可能是对被诉者最严厉的惩罚。所以，历来中外法学家均把刑事诉讼视为最严格的最特别的诉讼。尤其近代人权思潮兴起以来，刑事诉讼更有其独特个性，并相应产生自己的诉讼基本原则。比如，有学者提出刑事证明责任分配的三大原则，即无罪推定原则、反对强迫自证其罪原则和有利于被告原则。[1]何家弘教授还认为："刑事诉讼中举证责任的承担是与无罪推定的原则联系在一起的……被告人既然不负证明自己为无罪的举证责任，司法机关便有证明被告人有罪的责任。"[2]其几乎对无罪推定原则、反对强迫自证其罪原则和有利于被告原则等三个原则都做了理论论证。

---

〔1〕 黄维智：《刑事证明责任研究——穿梭于实体与程序之间》，北京大学出版社 2007 年版，第 177~192 页。

〔2〕 何家弘主编：《新编证据法学》，法律出版社 2006 年版，第 264~265 页。

二、控制者自证其当原则在刑事公诉中的运用

1. "强制措施转化律"——行为控制规律在刑事公诉中的
演变

控制者自证其当原则是基于对证据的信息本质及其分布基本规律的认识，结合程序公正的价值追求确立的，其要点在于：根据证据分布的基本规律找到证据信息资源的占有者，再根据公正的价值追求让证据占有者证明其行为的正当性。所以，控制者自证其当原则并不局限于前述行为或行为领域的控制者自证其当，当控制者占有行为或行为领域的信息资源的必然结果被另一种力量彻底打破时，我们就必须探索必然结果被打破后的信息资源占有状况及其新的证据分布的必然结果，从而确定具体的适用规则。

刑事公诉作为国家司法机关与个人之间的诉讼活动，是国家对个人严重反社会行为，即犯罪行为的追诉过程。由于被诉人反社会的严重性，国家司法机关一旦发现被诉人可能做过犯罪行为，往往首先动用国家暴力控制可能的犯罪行为人。控制的主要目的在于防止被诉人妨碍诉讼或再次危害社会，包括防止被诉人逃跑、串供、毁灭罪证或继续犯罪等。

其中，防止串供、毁灭罪证的目的可以从证据的本质及其分布的基本规律角度作出解释，即：犯罪行为人在行为时均是其行为的控制者，甚至是其行为对象的控制者，而国家司法机关并没有参与犯罪行为过程。根据行为控制规律，国家司法机关作为追诉方没有占有任何犯罪行为证据，被诉人犯罪证据的占有情况与要追诉他的国家司法机关的犯罪证据占有情况极不对称，即被诉人几乎占有所有的犯罪证据，而司法机关则没有占有犯罪证据。

显然，刑事公诉中的这种证据分布情况是不利于国家司法机关追诉犯罪行为人的。解决这个问题，可以有两种选择，一是设法让犯罪行为人自己交出所有证据；二是打破这种证据占有的不对称局面，以形成国家司法机关占有所有证据的局面。其中，第一种选择在历史上曾有过，就是让罪犯如实招来。这种方法，除了违反了自利的人性而难以全面如实收集证据外，还会导致刑讯逼供、暴力取证等侵犯人权且极可能导致冤假错案的后果，因而已经成为历史。那么，剩下的就只有第二种选择了。

在可以打破证据信息占有不对称局面的各种方法中，控制证据信息占有者无疑是最有效、最绝妙的一招，因为这种对控制者的控制会使控制者与分布在他那里的证据彻底分离，使其彻底失去对证据的占有。这种方法将使行为控制规律的作用条件，在国家司法机关介入后发生根本性变化，即犯罪行为的控制者成了被控制者。作用条件的变化必然导致作用方式和结果的变化，行为控制规律必将发生演变。

在刑事公诉中，拘传、拘留、逮捕、取保候审和监视居住等强制措施正是这种打破证据信息占有不对称局面的制度安排和立法体现。比如我国《刑事诉讼法》第80条规定："公安机关对于现行犯或者重大嫌疑分子，如果有下列情形之一的，可以先行拘留：（一）正在预备犯罪、实行犯罪或者在犯罪后即时被发觉的；（二）被害人或者在场亲眼看见的人指认他犯罪的；（三）在身边或者住处发现有犯罪证据的；（四）犯罪后企图自杀、逃跑或者在逃的；（五）有毁灭、伪造证据或者串供可能的；（六）不讲真实姓名、住址，身份不明的；（七）有流窜作案、多次作案、结伙作案重大嫌疑的。"该条规定的拘留措施直接剥夺被诉人的自由，是对被诉人的全面控制。其中的第（五）项明确规定要防止被诉人"毁灭、伪造证据或者串供"，其它项的规定也都是为了防止继续犯罪或妨碍追诉。

即便是取保候审或监视居住，也是对符合不会妨碍诉讼、不会继续犯罪等条件的被诉人采用的，只不过是有条件的控制而已。如《刑事诉讼法》第65条规定："人民法院、人民检察院和公安机关对有下列情形之一的犯罪嫌疑人、被告人，可以取保候审：（一）可能判处管制、拘役或者独立适用附加刑的；（二）可能判处有期徒刑以上刑罚，采取取保候审不致发生社会危险性的；（三）患有严重疾病、生活不能自理，怀孕或者正在哺乳自己婴儿的妇女，采取取保候审不致发生社会危险性的；（四）羁押期限届满，案件尚未办结，需要采取取保候审的。"即取保候审的被诉人是要有罪轻、不会再危害社会等条件的。而且，被取保候审的被诉人还要受到限制。如第69条规定："被取保候审的犯罪嫌疑人、被告人应当遵守以下规定：（一）未经执行机关批准不得离开所居住的市、县；（二）住址、工作单位和联系方式发生变动的，在二十四小时以内向执行机关报告；（三）在传讯的时候及时到案；（四）不得以任何形式干扰证人作证；（五）不得毁灭、伪造证据或者串供。"这些限制，加上保证措施，都是为了确保被诉人不会妨碍诉讼和再次危害社会。

一旦被诉人被国家控制起来，被诉人的犯罪行为及其控制领域的各种证据信息就与被诉人分离，从而被无所不在的"国家"占有，国家成为被诉人及其行为领域证据信息的控制者。所有的犯罪证据都因为国家的强力介入而重新分布到了国家控制之内，所以，国家的强力介入也正是对行为控制规律的运用。正是通过国家的强力介入，刑事诉讼双方又形成了另一种极端的信息不对称，行为控制规律的作用结果在刑事诉讼中被彻底打破。国家虽然不是犯罪行为的实施者，还不一定知道证据信息在哪里，但却成了犯罪行为信息的占有者。被诉人虽然可能是犯罪行为及其行为领域的控制者，虽然他可能知道信息在哪，却不再是其行为及行为领域相关证据信息的占有者。

司法机关的强制措施改变了行为控制规律的作用结果，犯罪证据信息在司法机关的强力作用下发生了二次分布。被诉人失去了对犯罪证据的占有，司法机关在理论上"占有"了所有的犯罪证据信息，双方的犯罪证据信息占有发生逆转。由于导致犯罪证据二次分布的是司法机关的强制措施，所以，不妨把刑事公诉中的犯罪证据二次分布规律称为"强制措施转化律"。其基本含义是：强制措施决定着犯罪证据的二次分布，并且，犯罪证据在强制措施实施者与强制措施对象之间必然发生分布的反向转化。

2. 控制者自证其当原则在刑事公诉中的运用

"强制措施转化律"被司法机关运用后，改变了行为控制规律的作用结果，使犯罪证据分布在实施了强制措施的司法机关一方。根据程序公正的价值要求，占有了犯罪证据的司法机关一方应该承担案件事实的举证责任。在对抗制诉讼模式中，由于该模式对主张的事实符合实体法规定的正当性的证明方向的要求，负责公诉的司法机关的举证责任应该为：公诉机关承担被告人的行为事实符合刑法规定的举证责任。而刑法规范是关于犯罪、刑事责任和刑罚的规范，所以，符合刑法规定也就是符合有罪、有责和刑罚的规范。因为有罪的事实是有责和处罚的前提条件，所以，"公诉机关承担被告人的行为事实符合刑法规定的举证责任"，可以简单表述为："公诉机关承担被告人有罪的举证责任"。

"公诉机关承担被告人有罪的举证责任"的举证责任分配规则，表面上看，改变了控制者自证其当原则中的两部分内容：

一是"控制者"由犯罪行为及其行为领域的控制者变为实施了强制措施的司法机关的最后代表——公诉机关；二是"自证其当"变为"自证他罪"，即证明他人的行为构成犯罪。其中，第一个改变是证据分布的基本规律在刑事公诉中的演变导致的，是司法机关运用行为控制规律实施强制措施而发生的变化，所以，公诉机关与控制者的表述的理论依据是一致的。第二个改变并不存在，因为"自证其当"的直接含义是自己举证证明自己的行为符合实体法规定，所以，自己的主张才具有正当性。而刑事诉讼中证明方向的实体法是刑法，符合实体法规定就是符合刑法规定，在具体的案件中都是符合刑法分则具体犯罪的规定。另外，公诉机关都是主张被告人的行为符合刑法规定，而不是主张自己的行为符合刑法规定。所以，公诉机关证明自己的主张具有符合刑法规定的正当性，在表述上只能是证明被告人有罪，即"自证他罪"。

可见，"公诉机关承担被告人有罪的举证责任"的举证责任分配规则，与控制者自证其当原则的客观依据是一致的，即都是证据分布的基本规律；与控制者自证其当原则的主观依据也是一致的，即都是程序公正价值；与控制者自证其当原则的证明方向也是一致的，即都是符合实体法的规定。所以，"公诉机关承担被告人有罪的举证责任"的举证责任分配规则，与控制者自证其当原则没有一点矛盾，反而验证了控制者自证其当原则的主客观依据，实际上是控制者自证其当原则在刑事公诉中的具体运用。

3. 控制者自证其当原则与刑事公诉中被告人的举证责任

(1)《刑事诉讼法》没有规定被告人的举证责任。我国刑事诉讼法并没有规定被告人的举证责任，反而规定了司法机关全面收集证据的责任。即便给辩护人以辩护权及其相关权利，也没有直接规定被告人的举证责任或辩护人的举证责任。

如《刑事诉讼法》第 50 条规定："审判人员、检察人员、侦查人员必须依照法定程序，收集能够证实犯罪嫌疑人、被告人有罪或者无罪、犯罪情节轻重的各种证据。严禁刑讯逼供和以威胁、引诱、欺骗以及其他非法方法收集证据，不得强迫任何人证实自己有罪。必须保证一切与案件有关或者了解案情的公民，有客观地充分地提供证据的条件，除特殊情况外，可以吸收他们协助调查。"该条规定了司法机关全面依法收集证据的责任。结合第 35 条"辩护人的责任是根据事实和法律，提出犯罪嫌疑人、被告人无罪、罪轻或者减轻、免除其刑事责任的材料和意见，维护犯罪嫌疑人、被告人的诉讼权利和其他合法权益"的规定可以看出，在刑事诉讼中，虽然举证责任分配的总原则是控方承担被告人有罪的举证责任，但是，证据收集完全是司法机关的责任，而且是全面收集证据的责任，不仅仅是最后承担的有罪的举证部分的证据收集责任。辩护人有提出有利于被告人的材料和意见的责任，但没有提出不利于被告人的相反的材料和意见的责任，被告人也没有收集和提供不利于自己的证据的责任。

举证责任引领证据收集，既然被告人不承担举证责任，当然也就无需收集证据，更何况，在刑事公诉中被告人是被控制的，也不应该要求被告人收集证据。这就产生了以下问题：一是举证责任与收集证据责任的冲突。虽然规定了司法机关全面收集证据的责任，但是，毕竟最后公诉的司法机关承担的是被告人有罪的举证责任，这必将导致司法机关收集证据时有所偏好，对被告人有利的证据，比如，无罪、罪轻的证据可能会被本能地忽略或故意忽略。所以，公诉机关承担被告人有罪的举证责任与司法机关全面收集证据的责任实际上存在冲突。二是被告人的辩护严重依赖于司法机关的证据收集和举证，没有举证责任就没有证据收集。由于刑事公诉中被告人没有举证责任，被告人就不去，也不能去收集证据。这就会导致对抗制诉讼模式在刑事公诉领域的失衡，诉辩双方难有真正的对抗，事实难以全面呈现，被告人的权利难以真正得到维护。三是司法机关收集和举证困难。虽然，刑事公诉中的被告人被控制后，理论上，司法机关成为犯罪证据的占有者，而且，司法机关可以动用一切措施发现和收集证据，但是，对没有被害人或被害人已经死亡的且历时较长的秘密犯罪案件，司法机关对证据的占有基本上停留在理论上。"抗拒从严，回家过年；坦白从宽，牢底坐穿"是这种情况在一些贪污腐败类等案件中的真实写照。这些问题都需要相应的制度和方法予以解决。

（2）辩护人制度的设立和证明标准的提高。为了解决第一、第二个问题，刑事诉讼法设立了辩护人制度，并规定了辩护人提出有利于被告人的材料和意见的责任，以及包括有限的调查取证权在内的辩护权。如《刑事诉讼法》第41条规定："辩护律师经证人或者其他有关单位和个人同意，可以向他们收集与本案有关的材料，也可以申请人民检察院、人民法院收集、调取证据，或者申请人民法院通知证人出庭作证。辩护律师经人民检察院或者人民法院许可，并且经被害人或者其近亲属、被害人提供的证人同意，可以向他们收集与本案有关的材料。"该规定赋予辩护律师一定的调查取证权，但调查主体限定为辩护律师，调查对象限定为经……同意的人或单位。对特殊对象被害人的调查还须得到侦查机关以外的司法机关的同意，调查时期限定为刑事诉讼的侦查阶段以后。可见，辩护人没有收集证据的责任，同时，收集证据的权利也是十分有限的，基本上难以改变辩护对司法机关收集证据的依赖，也不能解决司法机关全面收集证据的责任与公诉机关承担有罪的举证责任的冲突状况。

为了进一步解决这两个问题，刑事诉讼法还规定了有罪的更高的证明标准。如《刑事诉讼法》第53条规定："对一切案件的判处都要重证据，重调查研究，不轻信口供。只有被告人供述，没有其他证据的，不能认定被告人有罪和处以刑罚；没有被告人供述，证据确实、充分的，可以认定被告人有罪和处以刑罚。证据确实、充分，应当符合以下条件：（一）定罪量刑的事实都有证据证明；（二）据以定案的证据均经法定程序查证属实；（三）综合全案证据，对所认定事实已排除合理怀疑。"该条规定了"排除合理怀疑"的证明标准，这就为辩护人提出有利于被告人的意见提供了空间。如果公诉机关提供了被告人有罪的证据，而辩护人并没有反驳证据，但是，只要辩护人找出公诉机关有罪证据的其它事实可能性，而不是有罪的唯一性，对有罪证据的合理怀疑就没有排除，公诉机关的举证责任就没有完成。这个证明标准确实极大地缓解了前述证据收集与举证责任的冲突和辩护对司法机关证据的依赖这两个问题。但只是缓解，而不是解决，而且只是缓解有罪的指控，而并不能缓解罪轻的证据收集问题。因为这只是有罪的证明标准，而不是处刑的证明标准。所以，辩护人制度的设立和证明标准的提高，并不能彻底解决证据收集与举证责任的冲突和辩护对司法机关证据的依赖问题。

另外，《刑事诉讼法》还通过规定非法证据排除制度保障司法机关收集证据的合法性。但是，这个制度解决的是证据收集的合法性问题，并不解决证据收集与举证责任的冲突和辩护对司法机关证据的依赖问题。

（3）被告人"自证其当"——刑事公诉举证责任的"例

外"。虽然我国《刑事诉讼法》没有规定被告人的举证责任，而且，为了确保公诉机关承担被告人有罪的举证责任的正确实施，配套设立了诸如辩护人等一系列制度，但是司法实践乃至个别立法却实际上给被告人分配了自证其当的举证责任。

比如，有学者认为："从证据与控辩双方之间的关系来看，客观上大体有三种类型：一是控方容易收集而辩方难以收集的证据；二是控辩双方收集的难易程度相当的证据；三是辩方易于收集而控方难以收集的证据。在以上三类证据中，只有第三类才应由被告方进行收集和证明，因为这类证据由控方收集难度较大，有的甚至无法收集，而由辩方收集的难度则比较小，因而由辩方收集更有利于查清案件真相以及提高诉讼的效率和效益。从各国立法和司法实践来看，要求被告方承担证明责任的基本上都是这类事实，如无意识行为、精神病、病理性醉酒、认识错误、基于挑衅、胁迫、有正当理由、获得授权等都是被告方容易证明的事实，而由控方证明往往难度较大，如果没有被告人的配合，有时甚至无法证明。"[1]所以一般来说，对以下情形，被告人要承担相应的举证责任：①法律的规定。如巨额财产来源不明罪规定被告人要能够说明明显超过合法收入的巨额财产的合法来源，说明不了，就要承担有罪的刑事责任；②推定。如在持有被盗窃财物的情况下，持有人要证明持有财物的合法性，否则，就构成盗窃罪；③阻却违法性、有责性事由。如被告人抗辩自己实施犯罪行为时有精神病或不可抗力等，被告人要举证证明精神病或不可抗力的事实；④被告人的积极抗辩主张。如被告人主张犯罪行为发生时自己不在现场，被告人要证明他在别的地方；⑤被告人主张的程序性事实。如申请办

〔1〕 参见卞建林主编：《刑事证明理论》，中国人民公安大学出版社2004年版，第225页。

案人员回避，被告人要证明办案人具有应该回避的情形；⑥被告人独知的事实。被告人要证明自己没有错。[1]

对于这个情况，国外规定也大体相同。在英国的刑事诉讼中，被告人承担证明责任的"例外"情形有：①成文法明文规定，比如 1906 年的《预防腐败法》规定接受财物人须证明接受的合法性、正当性，《滥用毒品法》规定毒品持有者须证明不知道是毒品，否则有罪；②被告人主张自己行为时精神错乱，因为法律一般推定行为人行为时处于精神正常状态；③被告人引用但书等排除条款；④被告人拟推翻成文法法律规定推定的事实。美国也有类似规定，如："被告若主张阻却违法（Justification）或阻却有责（Excuse）事由时，美国各州一般规定为被告就此主张必须负提出证据的责任。"[2]

在大陆法系，被告人原则上不负任何举证责任。但仍有例外，比如，法国就有如下判例：①被告人认为有正当理由时，如正当防卫；②不可归责的事由，如精神病、被强制；③被告人主张实际上不可能发生的事实时，如自动机械故障导致损害。德国也有类似判例。[3]

对于这些情形，也许依据现行的法律制度完全可以不让被告人承担举证责任，而是让被告人给出线索，要求司法机关收集证据，公诉机关出示证据，因为司法机关本身就有全面收集证据的责任。但是，现有的诉讼结构和实践操作，却往往不得不让被告人举证。

比如"巨额财产来源不明罪"，在公诉机关证明了被告人持

---

[1]　参见卞建林主编：《刑事证明理论》，中国人民公安大学出版社 2004 年版，第 197~224 页。

[2]　王兆鹏：《美国刑事诉讼法》，元照出版有限公司 2007 年版，第 704 页。

[3]　卞建林、韩旭："刑事被告人证明责任研究"，载《云南大学学报（法学版）》（第 15 卷）2002 年第 4 期，第 15~17 页。

有巨额来源不明的财产后，就完成了被告人有罪的举证责任。这时，被告人要辩护自己无罪，要么抗辩公诉机关的证据不能证明自己有巨额来源不明的财产，要么说明自己的财产来源合法。其中，第一种抗辩主要从证明标准角度，不会涉及自己举证问题。第二种辩护理由，被告人要向法官说明巨额财产是合法所得，但是，光说明是不行的，还须举证证明。谁举证呢？根据法律规定，要求的是司法机关查明，但这不是"举证责任"。所以，仅仅从诉讼结构导致的证明逻辑上看，巨额财产合法来源的举证责任只能是被告人。

再看看司法机关的查明，首先是哪个司法机关查明呢？查明机关不会是法院，因为法院应该居中裁决。也不宜是公诉机关，因为公诉机关负责公诉，负责有罪指控，让它举证证明自己的指控不成立实在不现实。最好是侦查机关，比如，反贪局，但这要在程序上从法院审理阶段退到侦查阶段，既不合适，也不好操作。也许有观点认为，当初在侦查阶段，作为嫌疑人的被告人就应该告诉反贪局自己财产来源的合法性，那样的话，案件就不会走到法院。的确如此，相当一部分案件就是这么了结的。但是，如果被告人说了，也确有事实，侦查机关没有查，或者查了却没有查明，这个责任在谁呢？恐怕无论如何，侦查机关都会有脱不了干系的嫌疑。要知道，这种"你说你的，我查我的"的现象，在贪污贿赂类和毒品犯罪类案件中嫌疑人为了立功而检举他人的调查时是普遍存在的，嫌疑人的检举往往没有查证属实，甚至根本没有回应。其中的原因，除了案件办理的本位责任外，还有这类案件调查的难度问题。但是，不管什么原因，最终承担后果的是被告人，冤案也许就这么产生了。

解决这个问题的最好办法，就是让举证责任顺位，即让被告人承担持有巨额财产的合法性的举证责任。采用这个办法，除了上述没有更好的办法的原因之外，还有以下原因：一是在持有型犯罪中，刑事诉讼法实际上采用的是"有罪推定"，而不是"无罪推定"。即只要公诉机关证明了被告人持有某种物品或财产，就推定其来源是非法的，就认定其行为构成犯罪，除非被告人证明其来源的合法性。所以，不但巨额财产来源不明罪会出现上述举证责任问题，盗窃罪、非法持有毒品罪等也会出现同样的问题。二是导致持有事实发生的违法犯罪行为的证据的收集难度非常大或者通常具有确定的逻辑而无需举证证明。根据前述"强制措施转化律"，按说被告人被控制后，所有的犯罪证据都被司法机关占有了。但这是理论上的结论，毕竟司法机关不是犯罪行为人，既不真实占有证据，也不知道证据在哪，对非常隐蔽的犯罪的侦查就非常困难。像持有的特定物品或财产，很可能就是贪污受贿、贩毒等违法犯罪行为所得，因为很难侦查，干脆设定持有型犯罪。持有型犯罪的规范中就暗含着其持有的东西的来源是不正当的推定，在诉讼过程中就是"有罪推定"。

至于对盗窃罪中的持有行为的有罪推定，则属于"通常具有确定的逻辑而无需举证证明"的情形，即所谓"人赃俱获"，可以推定持有人是盗贼，除非持有人具有打破这个基本逻辑的特殊情况。但是，违背基本逻辑的特殊情况是持有人控制的行为领域，根据控制者自证其当原则，应该由持有人证明其持有盗窃物品的正当性，即被告人承担持有行为无罪的举证责任。

所以，我国台湾学者王兆鹏认为："要求被告就阻却违法或阻却责任事由负提出证据的责任，实属正确，非但不违反无罪推定原则，且与一般举证责任分配原则相符。就'无罪推定'理论解释，所谓'推定'不同于'视为'，推定被告无罪非视为被告无罪，被告无罪之推定可被驳斥，检察官可以提出证据，驳斥被告无罪之推定。若检察官尽其举证责任之后，被告之无罪推定即可被推翻。"〔1〕阻却违法性和有责性事由的举证责任由被告人承担实际上已经没有理论障碍，这也是符合控制者自证其当原则的。

另外，关于被告人的积极抗辩和程序性事实主张，以及被告人独知的事实等，是否因为公诉机关举证困难就让被告人承担举证责任还有待讨论。不过，这已经是一些司法实践的做法，毫无疑问，这些做法也是符合控制者自证其当原则的，因为这些事实所在的行为领域由被告人控制。

比如，江西南昌东湖法院判决郭某宏等假冒注册商标案〔2〕中，法院就要求辩方就刷单行为的事实承担举证责任或提供确切的证据线索。

该案南昌市东湖区人民检察院起诉书指控：自 2009 年 9 月起，刘某礼（在逃）与被告人郭某宏在浙江杭州通过淘宝网注册网店"hong19848888""颜颜也大咯"销售假冒"华三""华为"等品牌的光纤模块。2014 年 9 月，刘某礼与郭某宏转移到南昌继续从事上述制售假活动，由刘某礼负责购进无标识光纤模块和从网上购买的假冒"华三""华为"商标；聘请刘某圆给无标识光纤模块贴假冒标识和打包；郭某宏负责在淘宝网销售；郭某宏还聘请郭某惠注册网店"jiao 周惠"销售假冒注册商标牌光纤模块。上述光纤模块进价为 45 元至 50 元，销售价为 50 元至 120 元不等。经鉴定，自 2012 年 1 月至 2015 年 4 月，郭某宏等人用淘宝账号"hong19848888""颜颜也大咯""jiao 周惠"共销售假冒"华三""华为"注册商标的商品总价为 403.443 49 万元。

---

〔1〕 王兆鹏：《美国刑事诉讼法》，元照出版有限公司 2007 年版，第 710 页。
〔2〕 江西省高级人民法院，邹征优；南昌市东湖区人民法院，朱丽琴编写：[2015] 东刑初字第 607 号案例，载《人民法院报》2016 年 3 月 24 日。

　　针对公诉机关的指控，被告人辩解销售假冒注册商标的商品数额中有部分系刷单形成。法官在庭前会议告知被告人及其辩护人，被告人应就其辩解提供相应的证据或确切的证据线索，协助司法机关全面收集与案件事实有关联的电子数据或其他证据。开庭审理时，辩方未提供相应的刷单证据或证据线索。东湖区人民法院审理认为，郭某宏、郭某惠、刘某圆未经注册商标所有人许可，在同一种商品上使用与其注册商标相同的商标，情节特别严重，其行为均已构成假冒注册商标罪。

　　办案法官就举证责任一节评议道：是否存在刷单，以及刷单的数额关乎对被告人定罪与量刑。而成功刷单的后果有三：一是淘宝卖家收了刷单的淘宝买家的货款；二是刷单的淘宝买家没有收到被告人的商品；三是淘宝卖家需支付刷单的淘宝买家报酬。此三项被告人必须做到，否则刷单不可持续，淘宝买家甚至会投诉被告人诈骗。因此，被告人必须在约定时间内向刷单的淘宝买家电子转账（包括网银、微信红包等）退回货款和支付报酬，由此支付而产生的电子数据与淘宝交易记录无关，仅为被告人所掌握。笔者（评议法官）据此认为，虽然《刑事诉讼法》第49条规定公诉案件中被告人有罪的举证责任由人民检察院承担，但在审理以电子商务方式销售假冒注册商标案件时，控方出示被告人淘宝销售数据及关联支付宝银行卡明细证明被告人销售假冒注册商标商品数额的，被告人辩解电子数据记录的交易总额中有部分交易系刷单形成，此时人民法院应将证明刷单事实的举证责任分配给辩方；有客观原因辩护人和被告人无法收集刷单证据的，辩方应提供确切的证据线索协助司法机关收集相应的刷单证据，协助查明被告人销售假冒产品的确切数量。刷单证据收集不能的，应当认定人民检察院用于指控被告人犯罪的电子数据确实充分。因此，人民法院根据控方证据作出的判决是正确的。

本案中，办案法官是因为刷单"支付而产生的电子数据与淘宝交易记录无关，仅为被告人所掌握"而把举证责任分配给了被告人。至于被告人提供确切线索是考虑被告人可能因客观原因不能收集证据的情形。我们的办案部门和法官就是这样从实际出发解决实际问题的，我们可能质疑法官做法的合法性，但是，似乎难以质疑其合理性。这就反过来需要检讨我们的立法或举证责任理论了。

可见，刑事公诉中不但在理论上不可避免地会出现要求被告人承担举证责任的例外情况，而且这种情况也实际地存在着。其中，除了对抗制诉讼结构模式的举证指向外，最主要、最根本的原因是行为控制规律的深层次的顽强作用，以至于"强制措施转化律"的作用并不能真正完全解决司法机关收集证据的所有困难问题。这些例外直接反映了控制者自证其当原则所具有的指导作用，再次证明了控制者自证其当原则是建立在正确的客观依据之上的。

二、控制者自证其当原则在刑事自诉中的运用

刑事自诉案件都是严重侵权行为导致的尚不需要发动公诉程序或没有发动公诉程序的案件，本质上是一种民事诉讼，只是因为其诉讼标的是刑罚而被植入刑事诉讼程序中。在刑事自诉案件中，诉辩双方不存在一方控制另一方的情况，也就是说行为发生时的行为控制规律没有被打破，那就要像民事诉讼一样，看谁是行为或行为领域的控制者。谁是控制者，谁就要对其行为的正当性负举证责任。由于这类诉讼必然是侵权行为导致，所以，这类诉讼的具体举证规则应该与民事诉讼的侵权之诉一样。

这个原则不但适用于"告诉"类的自诉案件，而且适用于其它所有的因不同原因走向自诉的刑事案件，根本原因在于行为控制规律在自诉过程中是正常发挥作用的。

比如，早在 2000 年 5 月 22 日，中央电视台一套"新闻调查"栏目就报道的发生在重庆市的一件事，如果应用控制者自证其当原则就会有个公正的解决。报道称，20 年前一个叫范某的年轻人，因故被其住地派出所干警带到派出所，结果一走就是几天。其间范某母亲李某芬曾去探望范某，范某告知被打情况。后范某因伤被送医院，经救治无效死亡。痛苦的李某芬状告公安干警刑讯逼供，但证据不力。派出所称范某受审时倒地自伤，亦无证据。该案历时 18 年，李某芬顽强申诉，至报道日无任何结果。情智正常的人看了这则报道，马上会感到派出所一定有问题，而且是觉得这里的"举证责任"不对头。问题就在于范某致命伤发生在派出所实施拘留措施的控制期间，相关干警负有证明其行为正当性的举证责任，即证明自己行为无过错且范某致命伤与自己行为无关。因为本案派出所干警亦无证据，应该依法承担刑事责任。但是，截至报道时，该案没有结果。

又是十几年过去了，该案最后什么结论，我没有看到相关后续报道。不过，一桩桩类似的案件倒是听到、看到不少。比如"躲猫猫"案件、"喝水死"案件等在看守所、监狱甚至派出所内的非正常死亡案件，不只是让人大开眼界了，司法公信力已经在这些案件中受到了实实在在的毁损，法治建设出现了严重缺损的一角。可见，举证责任分配的正确与否，足以影响案件的公正审判，足以影响司法公信力，足以影响法治建设！

三、控制者自证其当原则在非法证据排除中的运用

为了进一步保障人权和保证刑事案件的公正处理，我国新

修改的《刑事诉讼法》规定了非法证据排除规则。该法第 54 条规定："采用刑讯逼供等非法方法收集的犯罪嫌疑人、被告人供述和采用暴力、威胁等非法方法收集的证人证言、被害人陈述，应当予以排除。收集物证、书证不符合法定程序，可能严重影响司法公正的，应当予以补正或者作出合理解释；不能补正或者作出合理解释的，对该证据应当予以排除。"该条规定了非法证据的外延，明确了非法证据不能作为定案依据。第 57 条规定："在对证据收集的合法性进行法庭调查的过程中，人民检察院应当对证据收集的合法性加以证明。"即证据收集的合法性的举证责任由公诉机关承担。这个规定充分反映了控制者自证其当原则的指导作用，因为公诉案件的证据收集行为是司法机关控制的，负责提起公诉的司法机关应该证明司法机关证据收集行为的正当性，即符合刑事诉讼法关于证据收集的规定。

不过，该法第 57 条第 2 款的规定却是个缺憾。规定指出："现有证据材料不能证明证据收集的合法性的，人民检察院可以提请人民法院通知有关侦查人员或者其他人员出庭说明情况；人民法院可以通知有关侦查人员或者其他人员出庭说明情况。有关侦查人员或者其他人员也可以要求出庭说明情况。经人民法院通知，有关人员应当出庭。"这个规定虽然没有改变证据收集合法性的举证责任主体，但是，却实质上降低了证据收集合法性的证明标准，甚至免除了公诉机关的举证责任，因为侦查人员的证言的证明力是十分有限的，而"说明"则意味着不要"证明"。这也是新《刑事诉讼法》出台后，虽然在对非法证据排除规则的规定上有了重大进步，但却饱受诟病且实践效果极不理想的原因。

四、控制者自证其当原则与不得强迫自证其罪原则

不得强迫自证其罪原则与无罪推定原则一样，也是学界公

认的刑事诉讼中的基本原则，该诉讼基本原则也应该指导和适用于所有的诉讼过程和活动，包括举证责任分配。所以，刑事诉讼举证责任分配的基本原则不能与该原则冲突。

从字面上看，控制者自证其当原则与不得强迫自证其罪原则是没有冲突的。因为自证其当与自证其罪是不一样的，是完全不同的两个证明方向。

但是，因为犯罪行为及其领域的控制者基本上都是犯罪行为人，也就是后来的被告人，所以，"控制者自证其当"就是要让被告人证明其行为的正当性，一旦证明不了，就要承担刑事责任，这无异于迫使被告人"自证其罪"。所以，不得强迫自证其罪原则有时还有一个附属规则，即不得强迫被告人证明自己无罪。这个附属规则与控制者自证其当原则就是直接对立的了。

如前所述，控制者自证其当原则在刑事诉讼中的适用情况是：在刑事公诉中，因为"强制措施转化律"而演变为公诉机关承担被告人有罪的举证责任，但又不排除在诸如持有型等犯罪的诉讼中被告人"自证其当"的举证责任。在刑事自诉中则又完全恢复直接适用控制者自证其当原则。

所以，在刑事公诉中，控制者自证其当原则并没有在原有含义上直接适用，而是让理论上占有了犯罪证据的公诉机关承担其指控的被告人的行为符合刑法规定的举证责任，可以说是让证据的控制者证明其指控主张的正当性。这个理解与控制者自证其当原则的旨趣和表达都是一致的，与不得强迫自证其罪原则也不存在冲突。而要求被告人自证其当，主要是刑法规定的有罪推定犯罪和满足了刑事诉讼证明标准外的极端特殊情形，实际上是公诉机关按照通常的逻辑和事理已经完成了举证责任的情形。即便如此，也是要求被告人证明其行为的正当性，而不是有责性，即并不是让被告人自证其罪，证明方向与强迫被告人自证其罪是不一样的。如果在这里强调适用不得强迫被告人证明自己无罪的原则，进而不允许要求被告人自证其当，就是把不得强迫自证其罪原则推向了极端，走向谬误了。

在刑事自诉中，承担被告人有罪的举证责任仍然是自诉人，而不是被告人，而且因为涉罪，所以证明标准并没有降低。与公诉机关一样，自诉人要证明其指控的被告人的行为符合刑法规定的正当性。所以，从罪的证明角度看，适用控制者自证其当原则并没有让被告人承担举证责任。被告人的举证责任只是发生在自诉人完成对其有罪的举证责任之后，而且，证明方向是自己行为的正当性，而不是有责性，即不是证明自己有罪。所以，在刑事自诉中适用控制者自证其当原则，也不存在强迫被告人自证其罪的情况。

第四节　控制者自证其当原则在几个新热点问题中的运用

一、夫妻共同债务的举证责任分配问题

随着经济的发展和社会的变迁，我国个人和家庭财产早已不再是柴米油盐和几件生活用品了，住房、投资已经成为主要组成部分，如今的婚姻家庭官司中的财产分割已经成为诉讼争议的主要问题，其中，共同债务的认定又是矛盾突出的一个。

根据我国《婚姻法》第41条的规定："离婚时，原为夫妻共同生活所负的债务，应当共同偿还。共同财产不足以清偿的，或财产归各自所有的，由双方协议清偿；协议不成时，由人民法院判决。"所谓"共同债务，共同偿还"，但是，司法实践中常常出现一方当事人举债的情形，常常拿出出具给第三人的借条或欠条，请第三人作证，来证明共同债务，要求用共同财产

偿还。类似这样的情况如何认定共同债务呢？进一步说，谁来承担共同债务的举证责任呢？该条规定无法解决。

1. 司法实践中的举证责任分配

为了解决司法实践中的问题，最高人民法院出台了《关于适用〈中华人民共和国婚姻法〉若干问题的解释（二）》[以下简称《婚姻法》解释（二）]。该解释第 24 条规定："债权人就婚姻关系存续期间夫妻一方以个人名义所负债务主张权利的，应当按夫妻共同债务处理。但夫妻一方能够证明债权人与债务人明确约定为个人债务，或者能够证明属于婚姻法第十九条第三款规定情形的除外。"

该解释的出台并没有解决实践问题，因为"夫妻一方能够证明债权人与债务人明确约定为个人债务"没有明确谁该证明。所以，社会上对《婚姻法》解释（二）第 24 条有不同的认识，也有不少司法界人士提出了修改该条司法解释的建议，甚至直接提出撤销该条规定。2014 年，最高人民法院民一庭针对江苏省高级人民法院的请示，作出函复：在不涉及他人的离婚案件中，由以个人名义举债的配偶一方负责举证证明所借债务用于夫妻共同生活，如证据不足，则其配偶一方不承担偿还责任。在债权人以夫妻一方为被告起诉的债务纠纷案件中，对于案涉债务是否属于夫妻共同债务，应当按照《婚姻法》解释（二）第 24 条规定认定。如果举债人的配偶举证证明所借债务并非用于夫妻共同生活，则其不承担偿还责任。[1]

但是，答复毕竟是答复，不具有普遍规范效力，解决不了没有被答复的地方和案件的争议问题。于是，2017 年 2 月 28 日，最高人民法院对《婚姻法》解释（二）第 24 条作出补充规

---

[1] "关于'撤销婚姻法司法解释（二）第 24 条的建议'的答复"，载 http://www.court.gov.cn/zixun-xiangqing-18292.html，2017 年 4 月 19 日访问。

定。即第 24 条新增两款:"夫妻一方与第三人串通,虚构债务,第三人主张权利的,人民法院不予支持;夫妻一方在从事赌博、吸毒等违法犯罪活动中所负债务,第三人主张权利的,人民法院不予支持。"

同时,最高人民法院还下发通知,以帮助正确适用补充规定。《关于依法妥善审理涉及夫妻债务案件有关问题的通知》(法〔2017〕48 号)规定:"二、保障未具名举债夫妻一方的诉讼权利。在审理以夫妻一方名义举债的案件中,原则上应当传唤夫妻双方本人和案件其他当事人本人到庭;需要证人出庭作证的,除法定事由外,应当通知证人出庭作证。在庭审中,应当按照《最高人民法院关于适用〈中华人民共和国民事诉讼法〉的解释》的规定,要求有关当事人和证人签署保证书,以保证当事人陈述和证人证言的真实性。未具名举债一方不能提供证据,但能够提供证据线索的,人民法院应当根据当事人的申请进行调查取证;对伪造、隐藏、毁灭证据的要依法予以惩处。未经审判程序,不得要求未举债的夫妻一方承担民事责任。"

最高人民法院有关负责人就《婚姻法》解释(二)有关问题答记者问还专门谈到举证责任问题。

"记者:从以往虚构夫妻共同债务案件情况看,夫妻中举债一方经常会主动承认债务真实存在,而夫妻另一方虽否认却无从证明。对此有无相应对策?

答:这种情形确实存在。由于夫妻共同生活和生产经营的需要,夫妻一方对外举债实属正常。基于各种原因,举债夫妻一方未告知夫妻另一方某项特定举债也在所难免。而要求夫妻另一方事后证明特定债务没有发生,相当于证明没有发生的事实。这对夫妻另一方而言,未免要求苛刻。

为了缓解夫妻另一方的举证困难,通知提出,在举债一方的自认出现前后矛盾或无法提供其他证据加以印证时，人民法院应主动依职权对自认的真实性做进一步审查。例如，夫妻一方对另一方对外举债真实性持异议的，可以申请法院对相关银行账户进行调查取证。"[1]

从上述司法解释和答复的过程能明显看出，夫妻共同债务的举证责任分配问题非同小可，且似乎很难解决。以至于，即使是最新的补充规定也没有明确举证责任分配规则，只是最高人民法院法官在回答记者提问时说"为了缓解夫妻另一方的举证困难"可以由法院调查。

2. 控制者自证其当原则指导下的举证责任分配

在婚姻家庭纠纷的诉讼中，举证责任难是普遍现象。因为我国的传统文化在婚姻家庭关系中的强烈作用，为了不失情面，一般情况下，夫妻之间在日常生活中是不会搞财产分割或相互留下对方的行为证据的。但是，走上诉讼途径没有证据又是不行的。我们看到，最高人民法院"解释"来"答复"去，夫妻共同债务认定的基本问题还是举证责任分配问题，只是始终没有解决而已。

实际上，夫妻一方的举债行为是比较简单的民事行为，根据控制者自证其当原则，夫妻共同债务的举证责任分配并不困难，而且能根本解决最高院给江苏高院"函复"和答记者问的让举债一方承担举证责任的理由问题。

根据控制者自证其当原则，夫妻一方举债的债务在形成时无疑是举债一方实施的行为，而且，该行为无疑是由举债一方控制的，那么，举债一方就应该对其举债行为的正当性承担举

---

[1] http://china.cnr.cn/gdgg/20170228/t20170228_523626196.shtml，2017 年 4 月 20 日访问。

证责任。既然举债一方主张其名义下债务是共同债务,那他(她)就要承担该债务是共同债务的举证责任,具体而言,要举证证明该债务用于夫妻共同生活或者经夫妻双方共同确认。与此同时,对方当事人无需举证证明举债一方的债务没有用于共同生活,因为没有发生的事情就没有证据信息,当然不应该对没有发生的事情承担举证责任。也许因为我国传统文化的作用,这种举证责任分配对举债一方也比较困难,但是,这样的分配是合理的、公平的!

可见,最高人民法院的"解释""答复"和"补充规定"对夫妻共同债务认定的基本问题确实一直没有合理、公平的解决方案。《婚姻法》解释(二)第24条用"夫妻一方"模糊或回避了举证责任人。对江苏高院的"答复"前半部分让举债一方承担用于共同生活的举证责任非常正确,但是,后半部分又让配偶一方承担并非用于共同生活的举证责任则完全错误了。"补充规定"没有规定举证责任分配,其配套"通知"却让另一方当事人申请法院调查,来缓解其举证责任困难问题,则又是错误的。

3. 启示

仅仅一个夫妻共同债务的举证责任分配问题,在司法实践十多年的摸索中都没有很好解决,可见举证责任分配问题真的是诉讼法的"脊梁"问题,太难了!

但是,有关的举证责任或证明责任分配理论似乎已经很发达了,为什么十几年了都不能解决这么一个问题呢?规范说的要件分析不行,就倒置嘛。再不行,就公平分配嘛,然而,都没有用!这里不是刻意说风凉话,不是要讽刺有关学说,而是的确想重重地提醒一下:真理必须在直面现实的司法实践中经得起考验!

在这些"解释""答复"和"补充规定"过程中，我们看到，没有一次是通过对《婚姻法》相关条款进行要件分析来分配举证责任的，而是回到公平价值追求，考虑举债行为、举证困难等因素要求举债一方承担举证责任，或者配偶一方申请法院调查。这再次充分说明实体法要件事实不具有分配举证责任的功能，当然，同时说明公平是举证责任分配的价值追求。

在这些"解释""答复"和"补充规定"过程中，我们还看到，对以一方名义举债的债务是不是夫妻共同债务的举证责任分配上，总的倾向是由举债一方承担举证责任。这个倾向是实践所逼，是各种争议甚至撤销的呼声所迫。这个现象充分反映了证据分布的行为控制规律对举证责任分配的公平价值实现的深刻而强烈的作用，公平的举证责任分配规则必须建立在对证据分布基本规律的正确认识之上！

二、公司人格混同的举证责任分配

我国私营企业普遍存在管理不规范问题，尤其是以家庭成员为股东的公司和一人公司，几乎就是家庭作坊和个体户的变种，普遍不具备现代市场经济主体的规范管理机制。其中一个突出现象就是：公司资产与家庭或个人资产的混同。这种混同实际上使公司徒有有限责任公司的外壳，但是却可能对公司的债权人造成不利。债权人的资产可能早就被公司股东个人或家庭转移了，追讨时却面对公司的有限责任这堵墙，只能对几乎空了壳的公司反复挖掘，结果可想而知。

1. 司法实践中的举证责任分配

针对这种情况，《公司法》规定了法人人格否认制度，该法第20条规定："公司股东应当遵守法律、行政法规和公司章程，依法行使股东权利，不得滥用股东权利损害公司或者其他股东的利益；不得滥用公司法人独立地位和股东有限责任损害公司债权人的利益。…… 公司股东滥用公司法人独立地位和股东有限责任，逃避债务，严重损害公司债权人利益的，应当对公司债务承担连带责任。"即如果出现公司股东将债务留给公司、将财产转移给股东个人等情况，公司财产与股东个人财产界限不清，也就是公司财产与个人财产混同的，则公司股东个人要对公司债务承担无限连带责任，此所谓揭开公司的"面纱"。但是揭开"面纱"的基本条件是财产混同，这个条件谁来证明呢？实践中又出现了争议和混乱，以至于倒置让被告举证的案件显得十分瞩目而常被作为典型案例。

如"应高峰诉嘉美德（上海）商贸公司、陈惠美其他合同纠纷案"被刊登时的"裁判摘要"就是："一、在一人公司法人人格否认之诉中，应区分作为原告的债权人起诉所基于的事由。若债权人以一人公司的股东与公司存在财产混同为由起诉要求股东对公司债务承担连带责任，应实行举证责任倒置，由被告股东对其个人财产与公司财产之间不存在混同承担举证责任。而其他情形下需遵循关于有限责任公司法人人格否认举证责任分配的一般原则，即折中的举证责任分配原则。二、一人公司的财产与股东个人财产是否混同，应当审查公司是否建立了独立规范的财务制度、财物支付是否明晰、是否具有独立的经营场所等进行综合判断。"〔1〕请注意，该案件实行举证责任倒置，是让被告举证不存在混同。而且，裁判摘要指出，其他情形要适用折中的举证责任分配原则，即以多学说指导下的多规则相结合的规则。

《最高人民法院关于民事执行中变更、追加当事人若干问题

---

〔1〕 案例索引：[2014] 沪一中民四（商）终字第 S1267 号。

的规定》（法释〔2016〕21 号）中规定了一人公司人格混同的举证责任分配规则，第 20 条规定："作为被执行人的一人有限责任公司，财产不足以清偿生效法律文书确定的债务，股东不能证明公司财产独立于自己的财产，申请执行人申请变更、追加该股东为被执行人，对公司债务承担连带责任的，人民法院应予支持。"该条规定由股东个人承担个人财产与公司财产相互独立的举证责任，而并没有依据"谁主张，谁举证"的原则让申请人举证。

2. 控制者自证其当原则指导下的举证责任分配

其实，根据控制者自证其当原则，公司人格混同的举证责任分配十分简单。因为公司运营实际上由股东实施，公司财产状况和流动状况的信息都在股东控制领域之内，股东个人财产及其流动情况也当然在股东个人控制领域之内，那么，关于公司和股东财产及其关系的清晰界限，即公司财产运营的正当性，应该由股东承担举证责任。不但一人公司人格否认时的举证责任分配如此，多股东公司也是如此。

这个结论，很不幸，又与司法实践的取向一致！但是，司法实践毕竟着眼于实际问题，我国又没有明确的判例制度，对一般规则，在不得不突破时突破一下，其他情形还是要留给一般规则的。可见，一方面，司法实践的力量是不可阻挡的，需要突破时就会突破；另一方面，一般规则对司法实践的作用是强大的，敢于率先突破的毕竟是个案！由此推之，指导一般规则制定的法学理论的正确性有多么重要！

三、知识产权侵权诉讼的举证责任分配

随着知识经济的发展，知识产权保护的呼声和实际力度越来越大，与此同时，知识产权侵权案件持续高发。因为侵权行

为的无形性和专业性，知识产权侵权案件的审理面临许多挑战，其中，最多的、持续的挑战就是侵权事实和损害事实的举证责任分配问题。

1. 司法实践中的举证责任分配

经过多年的司法实践摸索，关于侵权事实的举证责任分配，修改后的相关法律，如《专利法》已经对认定难度最大的专利侵权事实的举证责任分配作出了相应的规定，规定由被告就其相同产品没有使用原告的专利承担举证责任。如《专利法》第61条："专利侵权纠纷涉及新产品制造方法的发明专利的，制造同样产品的单位或者个人应当提供其产品制造方法不同于专利方法的证明。"第62条："在专利侵权纠纷中，被控侵权人有证据证明其实施的技术或者设计属于现有技术或者现有设计的，不构成侵犯专利权。"即在实体法中直接规定了倒置的举证责任。

关于损害事实的举证责任分配，《专利法》第65条、《商标法》第63条和《著作权法》第49条，以及几个相关司法解释都规定了认定侵权损失的四个方式，即原告因侵权受到的损失、被告因侵权获得的利益、权利许可使用费用的倍数和法定赔偿金额。这几个认定方式中，法定赔偿数额是兜底的没有办法的选项，其它3种方式仍然存在举证责任分配的问题。比如《最高人民法院关于审理侵犯专利权纠纷案件应用法律若干问题的解释（二）》（法释〔2016〕1号）第27条规定："权利人因被侵权所受到的实际损失难以确定的，人民法院应当依照专利法第六十五条第一款的规定，要求权利人对侵权人因侵权所获得的利益进行举证；在权利人已经提供侵权人所获利益的初步证据，而与专利侵权行为相关的账簿、资料主要由侵权人掌握的情况下，人民法院可以责令侵权人提供该账簿、资料；侵权人无正当理由拒不提供或者提供虚假的账簿、资料的，人民法院可以根据权利人的主张和提供的证据认定侵权人因侵权所获得的利益。"《商标法》和《著作权法》或者它们的司法解释也有几乎相同的规定。概括而言，确定知识产权侵权损失的基本思路是：尽量由权利人举证证明自己的损失；此路不通，则由权利人初步证明侵权人利益所得，再由侵权人提供财务资料认定侵权所得；再不行，按照许可费的倍数定；还是不行，按照法定数额确定。

2. 控制者自证其当原则指导下的举证责任分配

知识产权作为一种对知识产品的专有使用权，其客体"知识产品"不同于传统产品的根本之处在于其信息性，而不是传统产品的物质性。因为其信息性，所以知识产品是无形的和可共享的。也因为其信息性，对知识产权的侵权行为也是信息形式的，其侵权的直接结果还是信息形式的。

但是，人类社会的存在是特定结构的物质存在，没有人的生命体和围绕人的生命体的特定结构的物质存在，一切都等于零，所以，一切价值衡量都要以物质形式为依归。

知识产品只是人类生产物质产品过程中的阶段性中间产品，只不过在知识经济时代凸显了它的作用，进而具有了独立的产品形态而已。知识产品的真正价值反映在它对后面的服务于人类生活的物质产品中，所以，知识产品的价值计量必须基于物质产品的价值计量。

从知识产权的定义和性质看，也是如此。知识产权是权利人对知识产品在一定时期的专有使用权。既然是对中间产品的使用权，其使用目的当然在于获得最终物质产品（著作权具有可直接消费的特殊性，本书不予讨论）。所以，无论是权利人还是侵权人，其目的无非是通过使用知识产品获得最终的物质利益。这个"最终的物质利益"就是知识产权的可得利益。

那么，关于侵权事实的举证责任分配，根据控制者自证其当原则，被告生产同样产品的生产行为完全在被告的控制领域之内，被告应该举证证明其生产方法的正当性，即证明其生产方法实质上不同于原告的专利。这个结论又是与多年司法实践的做法和修改后的《专利法》的规定一致的，但是不需要倒置！

关于损害事实的举证责任分配，根据控制者自证其当原则，首先要分析损害结果属于哪一方的控制领域。根据前面分析，知识产品具有共享性，侵权行为不会对知识产品造成损害，损害的是使用知识产品的可得物质利益。而可得物质利益不是现有物质利益，所以，侵权行为不会在权利人的现有物质利益上留下损害信息，但是会给自己带来物质利益，即在侵权人处留下侵权行为的损害结果信息。也就是说，知识产权侵权行为损害结果信息并不分布在权利人的控制领域之内，而是分布在侵权人的控制领域之内。那么，根据控制者自证其当原则，被告应该对其侵权期间的所得物质利益的正当性承担举证责任，即证明其所得物质利益不是侵权所得。

这个结论与几部知识产权法律和司法解释规定的认定损害事实的第二种方法完全吻合，但在举证责任分配问题上，显然具有颠覆性，因为从来就没有让侵权人就其侵权的损害事实承担举证责任的。导致这个颠覆的根本原因在于前述知识产品不同于物质产品的信息性本质。这是知识产权工作者和知识产权诉讼参与人都要深刻认识的问题！

不过，这个结论虽然与现有认定损害事实的第二种方法完全吻合，但是，与几部知识产权法律和司法解释的举证责任的相关规定却并不完全一致。看看前面引用的《最高人民法院关于审理侵犯专利权纠纷案件应用法律若干问题的解释（二）》

第27条，该条还是要求权利人对侵权人因侵权所获得的利益进行举证，所谓提供初步证据。显然，这是留有尾巴的规定。根据行为控制规律，对于这个初步证据，权利人也是无法获得的，所以，也不应该让权利人举证，而是应直接让侵权人对其侵权期间所得和所得的正当性承担举证责任。

第五节　控制者自证其当原则的局限性

控制者自证其当原则基于证据本质及其分布的基本规律的科学认识，和对程序公正的基本价值的追求，是客观要求与主观要求相结合的应然选择，是合理性和合目的性的统一，所以控制者自证其当原则的选择和确立是应该的，也是具有普遍适用性的。但是，这并不意味着这个原则能够解决实践中的所有问题，这个原则与所有的原则一样是有局限性的。

正如樊崇义教授所言："诉讼程序应当属于不完善的程序正义。因为首先评价诉讼结果的标准是独立的——存不存在纠纷事实的问题是有既定答案的；其次，诉讼程序不可能被设计得总是能够产生符合客观的理想结果……因此，诉讼程序必须摆脱它对诉讼结果的依附地位，而摆脱这种地位，就必须增加那些有助于促进程序自身的正义性但未必是结果的正确性的程序特征。"[1]控制者自证其当原则的局限性就在于其有助于促进程序自身的正义性但未必是结果的正确性。

但是，必须指出，局限不是缺陷。局限是适用条件的规定性，而缺陷是自身合理性的欠缺。控制者自证其当原则并不缺乏科学性和合理性，它的局限是任何理论、原则都会有的不能

---

〔1〕　樊崇义主编：《诉讼原理》，法律出版社2003年版，第223~224页。

解决生活中所有问题的相对的或历史的局限。

一、当事人的证据意识和能力的局限

法律是简洁的、严肃的，但是生活是丰富的、生动的。即便是法治完善的社会，生活在其中的人也不可能都有强烈的证据意识和较高的收集证据的能力。这些人原本可以很容易地保存与他人交往时的证据，但是，因为没有证据意识或者意识不强而没有保存，也可能想到要保存证据，但是因为一时疏忽或者出于信任等而放弃保存，甚至保存了又销毁、丢失。根据行为控制规律，这些人占有自己行为或对方行为事实的证据，但是需要举证的时候，他们可能因为真的没有证据而没法举证。然而，根据控制者自证其当原则，他们必须承担举证责任，别无选择，举证不能也只能承受败诉后果。

还有一种情况是，当事人有意识没能力。比如彭宇案中，原告也许在被撞的一瞬间就想到了留存证据，但是，没有配备摄像设备，找不到证人，也没来得及录音，等等。这种情况是非常正常的。但是根据控制者自证其当原则，原告因此没有了被撞的证据而难以索赔。当然，被告也可能因为同样原因而无辜受损。

控制者自证其当原则在这两种情况下都会造成结果的错误，这就是因当事人意识和能力导致的局限。这个局限是公民在法治社会的法治素养不够造成的，是在人类社会的法治治理阶段的局限，是相对的无法克服的历史局限，会在较长时期内存在。然而，这个局限并不能否定控制者自证其当原则在举证责任分配上的程序的公正性。

二、初级信息社会的局限

人类正在快速进入信息社会，在发达的信息社会里，人们的行为都会在信息网络中留下信息记录，迅猛发展的物联网实际上是把物质世界通过信息网络联系起来，成为整个信息网络的组成部分。在完善的信息网络中，每个人都是"裸奔"状态，证据的提取将十分容易。但是，现代社会毕竟还不是发达的信息社会，社会管理还相当不完善，人与人之间的交往还不是都经过信息网络，而且，即便经过信息网络，我们的信息网络的管理还很混乱，信息共享平台还没有全面建成。这些情况都使证据信息的提取，因为缺乏基础设施的支撑而出现遗憾。比如彭宇案，如果在公交站台一定范围内配备运行良好并与公安监控联网的高清晰摄像头，那么，举证责任的完成就十分容易，举证责任几乎就是主张责任，主张什么事实，监控录像调出来就能够证明其主张真实与否。

　　显然，这个局限也是相对的无法克服的历史局限，会在较长时期内存在。在信息社会还不发达的时候，还会出现证据没有"进网"而无法举证的情况。这种情况下，同样会出现程序公正而结果错误的案件。同样，这个局限也不能否定控制者自证其当原则在举证责任分配上的程序的公正性。

三、控制者自证其当原则在公共行为环境领域的失效

1. 控制的"飞地"——公共行为环境领域

　　控制者自证其当原则的客观依据是行为控制规律，行为控制规律揭示的是行为领域与证据分布的关系，而行为领域是由行为人、行为对象、行为和行为环境四个要素构成的时空范围。在构成行为领域的四个要素中，行为环境根据行为人的控制情况，可以分为独立的行为环境和公共行为环境。独立的行为环境可以为一方所控制而成为另一方的行为环境，比如，游泳场的经营方就控制着游泳者的游泳环境，网络平台公司就控制着

网店的经营环境。公共行为环境是不能被任何一个行为人控制的，比如，游泳场就是两个游泳者的公共游泳环境，网络平台公司就是两个网店及其客户的公共经营环境，因为他们都不能控制游泳场或网络平台公司。所以，独立的行为环境和公共行为环境的划分是相对的，是随着行为人之间关系的变化而变化的。

因为公共行为环境领域不受当事人任何一方控制，公共行为环境领域就成为控制的"飞地"，那么，关于公共行为环境的证据和分布在公共行为环境中的证据就并不被当事人占有。

首先，关于行为时公共环境状况的证据是不为当事人占有的。比如，在某个行为发生时恰逢强台风，当事人据此可以主张不可抗力。但是，风和风的行为是不受任何人控制的，关于强台风的证据就不会分布在某当事人一方，也就不为任何人占有。再比如，某个公司的开票行为发生时，在该行业内或地区都是那样的开票流程和方式，即惯例。但是，这个惯例的环境也是不为任何人控制的，那么，关于惯例的证据就不会分布在某当事人一方，也就不为任何人占有。

其次，分布在公共环境中的证据不被当事人占有。比如，彭宇案中，如果原被告相撞，就会有因相撞而脱落的颗粒、毛发等散发到环境中，相撞的"影像"也会留在周围或路过的人、动物的脑海中，但是，当事人没法占有。再比如，在淘宝网上购物，在结算后，结算前的页面就成为历史，购买者就没了记录，要找记录，只能问平台公司要了。许多银行汇款也是这样，有些政府部门的登记、许可办理过程也有类似情况。现代社会，经济、技术和制度环境在人们的生活中越来越重要，行为人的行为信息就会大量地分布到有关经济、技术或制度环境中。这些公共社会环境中的证据也是不被当事人占有的。

2. 控制者自证其当原则在公共行为环境领域的失效

因为公共行为环境领域不受当事人任何一方控制，行为控制规律在其中没有发挥作用的条件，所以，公共行为环境领域不是行为控制规律的作用场域，那么，控制者自证其当原则也因此失去了适用的客观基础，控制者自证其当原则在公共行为环境领域是不能适用的。

但是，这并不意味着分布在公共行为环境领域的证据的举证责任就不要当事人或诉辩双方承担了，因为在所有的诉讼主体中，承担举证责任的只能是当事人或诉辩双方，法官和其他诉讼参与人都不可能承担举证责任。所以，当事人或诉辩双方要使用分布在公共行为环境领域的证据，就要承担该证据的举证责任。

这个结论在理论上没有问题，因为既然分布在公共行为环境领域的证据不受任何一方控制，那么，理论上任何一方都可以收集和使用。如果因为实际控制原因而无法收集，可以申请法官这个中立的有权主体收集。这种情况，在立法和司法实践中早已有之。《民诉法解释》第94条规定："民事诉讼法第六十四条第二款规定的当事人及其诉讼代理人因客观原因不能自行收集的证据包括：（一）证据由国家有关部门保存，当事人及其诉讼代理人无权查阅调取的；（二）涉及国家秘密、商业秘密或者个人隐私的；（三）当事人及其诉讼代理人因客观原因不能自行收集的其他证据。当事人及其诉讼代理人因客观原因不能自行收集的证据，可以在举证期限届满前书面申请人民法院调查收集。"其中，"证据由国家有关部门保存"就是前述典型的公共行为环境领域的证据。

举证责任问题作为民事诉讼法学的"世纪之猜想"[1]，近代以来，许多优秀法学家对其倾注了心血，取得了丰硕成果，形成了许多学说，相应的举证责任分配原则或规则已经切实体现在有关国家的立法和司法活动中。

我国在第一部《民事诉讼法》实施后，尤其是提出依法治国以来，民事诉讼法学者积极引介西方有关学说，大大推动了我国证据法学和民事诉讼法学的研究，推进了我国的证据立法和司法活动。2001 年最高人民法院的《证据规定》、2009 年的《侵权责任法》和 2012 年新的《民事诉讼法》是体现这些研究成果的三个代表性法律文件。

但是，在这几个代表性文件中，明显存在几个学说共同作用的情形，一线办案法官和律师都知道，这些规定看似明白详尽，用起来却十分困难或混乱，[2]前面论述的夫妻共同债务的

---

〔1〕〔德〕莱奥·罗森贝克：《证明责任论——以德国民法典和民事诉讼法典为基础撰写》，庄敬华译，中国法制出版社 2002 年版，第 1 页。

〔2〕参见冀宗儒、孟亮："论证明责任裁判的表现形式"，载《证据科学》2013 年第 3 期，第 323 页。"笔者通过考察相关法院的民事判决书发现，针对证明责任裁判，由于在真伪不明和证明责任分配的认识上存在诸多误解，因而在判决的表述上亦呈现出多种混乱和模糊的情形。"又参见张中："实践中的证据法——中国证据法实施情况调查研究"，载《证据科学》2015 年第 2 期，第 158 页。"司法证明过程包含举证、质证和认证三个阶段，它们依次展开，相互衔接，保证了事实认定的准确性。司法文明指数调研数据显示，'证明过程得到合理规范'这个二级指标得分

举证责任分配就具有代表性。所以，往往在真正要用到举证责任分配规则断案时就无所适从或者八仙过海，甚至弃之不用而直接"心证"。律师也不能直接依据规则做有力论证，一些出了名的乌龙案件就是例子，南京的彭宇案件算是一个典型。

所以，这种各种学说及其规则杂然相陈的做法效果并不好，也是理论不成熟的表现，我们应该探寻新的能够统摄所有规则的基本原则，并对现行各种规则予以梳理整合，使举证责任规则真正体系化、明确化。

关于举证责任分配的学说，外国诉讼法学史上出现过很多，我国诉讼法学界的相关研究主要是引介性的，而且几乎都是在民事诉讼领域。[1]它们相互碰撞、启发与承继，目前在我国有影响并主导了我国举证责任规则的主要是大陆法系的规范说、危险领域说和英美法系的利益衡量说等。

第一节　规范说评析

规范说是要件事实分类说的代表性学说，而且至今在大陆法系和我国的司法实践中发挥最为重要的作用，所以，有必要首先和重点对该学说进行评析。

一、规范说概述

规范说由德国学者莱奥·罗森贝克在《证明责任论——以

（接上页）并不高，全国9省市平均得分为67.7分，在'证据制度'的4个二级指标中排名倒数第二。"

〔1〕　参见卞建林主编：《刑事证明理论》，中国人民公安大学出版社2004年版，第179~186页。《刑事证明理论》在专门研究刑事证明责任分配时，论及"证明责任的代表性学说"无一不是民事诉讼证明责任分配理论，进而把无罪推定原则嫁接到利益衡量原则和诉讼便利原则这两个民事诉讼证明责任分配原则中，形成所谓刑事诉讼证明责任分配原则。

德国民法典和民事诉讼法典为基础撰写》一书中提出的。罗氏首先认为证明责任问题是法律适用问题，即"如此，我们又回到了我们的出发点，证明责任学说是法适用学说的一部分。法适用的方式产生了证明责任分配规则"。[1]接着从诉讼的目的出发说明证明责任必须在原被告之间进行分配，否则诉讼将无法进行，再从公正性要求出发认为"相反，分配原则不能从公正性中推导出来，虽然没有比公正性更高的指路明灯，但这仅仅对于立法者而言是如此，对于法官而言并非如此"。[2]同时认为"如同从公正性中不能推导出证明责任的分配标准一样，从事物的本质中也不能推导出证明责任的分配标准。"[3]最后，把自己的学说严格建立在已有法律规范的基础上，认为"哪一方当事人应当承担重要的和有争议的事实主张的不可证明性的不利后果的问题（举证责任问题——引者注），必须根据国家的抽象的法律规则来加以回答"。[4]进而，基于"如果一个法秩序想近乎详尽地涵盖和调整我们生活关系的多样性和复杂性"[5]而必须制定的法律规范的假设和分析，得出实体性规范总可以分成基础规范（主要是权利形成规范）和相对规范（包括权利妨碍

---

〔1〕 参见何家弘主编：《证据法学研究》，中国人民大学出版社 2007 年版，第 300~302 页；陈界融：《证据法学概论》，中国人民大学出版社 2007 年版，第 44 页；龚大春："证据的本质与属性"，载《社科纵横》2008 年第 10 期，第 79~80 页；刘品新："证据法的信息论解析"，载王进喜、常林主编：《证据理论与科学——首届国际研讨会论文集》，中国政法大学出版社 2007 年版。

〔2〕 ［德］莱奥·罗森贝克：《证明责任论——以德国民法典和民事诉讼法典为基础撰写》，庄敬华译，中国法制出版社 2002 年版，第 117 页。

〔3〕 ［德］莱奥·罗森贝克：《证明责任论——以德国民法典和民事诉讼法典为基础撰写》，庄敬华译，中国法制出版社 2002 年版，第 97 页。

〔4〕 ［德］莱奥·罗森贝克：《证明责任论——以德国民法典和民事诉讼法典为基础撰写》，庄敬华译，中国法制出版社 2002 年版，第 101 页。

〔5〕 ［德］莱奥·罗森贝克：《证明责任论——以德国民法典和民事诉讼法典为基础撰写》，庄敬华译，中国法制出版社 2002 年版，第 105 页。

规范、权利消灭规范和权利排除规范），并根据"每一方当事人均必须主张和证明对自己有利的法律规范（法律效力对自己有利的法规规范）的条件"[1]这一举证责任分配的基本原则，认为主张适用权利形成规范，须证明该规范适用的条件事实，主张适用其他相对规范则须证明相对规范适用的条件事实，否则将导致规范不适用而致己方败诉。

二、规范说评析

1. 规范说对自由市场经济和私法社会的适应性

"规范说强有力的逻辑分析，以精细的法律规范分析作依据，具有很强的操作性。所以，该说出台后不久，便战胜其他学说，成为德国通说，并扩散到日本及亚洲其他国家和地区，也成为通说。"[2]实际上，该说也至少是我国的主导学说。但对该说的批评历来也很多，应该说或者"树大招风"，或者确有问题。对此笔者无意一一引述，而是想谈谈我的观点。

可以肯定的是，规范说在法律的框架内找到上述经久不衰的法律适用的方法，该学说一定反映了与证据有关的某种规律。

实际上，如果我们把头首伸出"框"外，即法律框架之外，就会发现或者醒悟，所有的实体法规定都是关于人的行为规范，而所有的人类行为无不是追求某种利益。在人类社会中，尤其是自由市场经济社会中，人的利益的取得都是通过自由平等的人与人之间的商品交换完成的，并在商品交换中发生利益和信息的对流。当人的行为为积极的给付行为时，从行为人一方看，

---

〔1〕〔德〕莱奥·罗森贝克：《证明责任论——以德国民法典和民事诉讼法典为基础撰写》，庄敬华译，中国法制出版社2002年版，第104页。

〔2〕〔德〕莱奥·罗森贝克：《证明责任论——以德国民法典和民事诉讼法典为基础撰写》，庄敬华译，中国法制出版社2002年版，第7页，张卫平："证明责任：世纪之猜想——《证明责任论》代译序"。

在法律上就产生了向相对人索取对价的权利。当相对人作了对价给付时，则使该权利归于消灭。其中前者的相关法律规定就是权利产生规范，后者的法律规定就是权利消灭规范。由于双方给付行为均是行为人的自主自愿的行为，均在各自的控制之下，关于各自行为的信息流向是对称的。所以，为了查明案情，根据控制者自证其当原则，掌握行为信息的人就应当提供证据，那么，主张权利产生者因为掌握积极的给付行为的信息，其应证明给付行为导致权利产生的事实，主张权利消灭者因为掌握支付对价的信息，其应证明支付行为导致权利消灭的事实。

如果一方给付后，相对方认为给付有瑕疵而不愿作对价给付，由于给付行为对象，即义务客体，已由相对方控制，相对方因为掌握给付行为对象的证据信息就必须证明行为对象有瑕疵的事实。这就是规范说所称的权利妨碍事实，实体法律中的相关规定就是权利妨碍规范。

可见，规范说的方法的确一定程度上顺应了人类行为，尤其是自由市场经济行为中的信息运动规律，具有一定的科学性。加之近现代社会的经济形态主要就是市场经济，几乎所有民事行为都具有商品交换的特性和意义，而"民法主要是调整商品经济的法律形式"，社会结构形式从法律角度看主要就是私法社会。所以，规范说的方法适用范围就很广，时间也较长。这就是该学说之所以管用而持久的根本原因。

2. 规范说的根本缺陷

但是，毕竟罗森贝克在研究时没有将头首伸出"框"外，而且自己还坚信不应伸出"框"外，认为举证责任分配只不过是法律适用的方法，且坚信公正性与事物的本质都不能推导出举证责任分配的标准。所以，规范说必然有很大的缺陷，并在科学性上大打折扣，使其至今也不过是一种"适用方法"，属技术范畴。

（1）其根本缺陷之一是理论起点错误。罗氏首先回到了我们的出发点，认为证明责任问题是法律适用问题。如此一来，不但讨论问题的起点确定了，而且认为证明责任问题只应该和只能在法律适用范围内讨论，严守"学术规矩"，把自己死死地"框"了起来！

但是，根据各大诉讼法的规定、许多司法解释和判决书反映的司法实践，以及笔者经历的数百起审判体验，即便在案件启动时，诉辩双方都可能会考虑到最终的法律适用问题，但是，证明责任问题只是到了审判的最后环节才是法律适用问题，在此之前的所有过程都是事实发现问题。在案件审理的整个过程中，待证事实包括具体的待证事实和抽象的待证事实双层结构，而不仅仅是实体法要件事实一种。只有具体的待证事实证明完毕，才会开始证明抽象的待证事实。而且，具体的待证事实需要在诉辩双方分配举证责任，由诉辩双方通过证据证明，抽象的待证事实是以被证据证明了的已有具体的待证事实为基础，由法官通过逻辑方法证明。所以，证明责任问题只是法律适用问题的一部分，而且是最后的部分。证明责任问题首先是事实发现问题，而不是法律适用问题。

进而言之，证明责任分配问题，实际上只有且就是举证责任分配问题，因为法律适用时的证明责任由法官通过逻辑证明完成，无需也无法分配。所以，证明责任分配问题，只是事实发现问题，与法律适用没有直接关系。

正因为证明责任问题首先是事实发现问题，而不是法律适用问题，所以，罗氏规范说的理论起点是错误的。

但是，在没有发现和确立待证事实的双层结构之前，规范说的逻辑起点是毋庸置疑的。在那里，待证事实只有且只是要件事实，举证责任问题就是要解决实体法要件事实的证明问题，而解决要件事实证明的目的就是要看能不能适用实体法规范。所以，举证责任问题当然就是法律适用问题！然而，这不符合事实，不符合诉讼法和司法实践所反映的待证事实双层结构的事实！可见，立足实践的研究思路和方法多么重要，从"学说"到"学说"的研究思路和方法多么可疑！

（2）其根本缺陷之二是理论基础错误。罗氏的规范说不是以对证据分布的基本规律的认识为理论基础，甚至认为不能从公正性和事物的本质中推导，而应是以要件事实分类说为理论基础，从实体法规范中推导。可见，规范说从法律适用这个错误的起点出发后，走的完全是一条技术路线，而不是理论论证。

要件事实分类说虽然是一种学说，但是，它是关于法律适用的学说，而不是关于事实发现的学说。要件事实分类说并非基于某个规律发现，因而并不是科学理论，至多是法律适用的技术性理论。而且，即使作为法律适用的技术性理论，用它来指导证明责任分配也是有重大缺陷的。因为实体法要件事实都是抽象的待证事实，并不具有举证责任分配的功能，以该学说为基础只能会导致具体案件中分配举证责任时的规则走偏或混乱。所以，罗氏的规范说的整个理论基础是错误的。

（3）丧失了对实体公正的守护功能。程序公正是社会公正的基本标尺，也是实现社会公正的基本途径。程序公正的意义绝不仅仅在于程序本身，它对定纷止争和实现实体公正都具有重大意义。

在法律制度框架内，公正的程序不但促进和保障实体公正的实现，而且具有对实体法不当的发现和纠错功能。除了英美法系的判例法中的例证之外，在我国司法实践中，这个功能也是有所体现的。如前述知识产权侵权中的举证责任分配规定，就是通过司法实践的推动，最后在修改相关实体法时进行了修正和补充。在形形色色的侵权诉讼实践中，许许多多倒置的举证责任分配规定后来都反映到《侵权责任法》的规范中。

但是，规范说把自己死死地限定在实体法规范适用范围内，一心一意地从规范分析到规范适用来回巡弋，忠实地守护着实体法规范，不相信举证责任分配规则能够从公正性中和事物的本质中推导，视一切倒置为例外或邪恶，这怎么行！事实已经证明，许许多多案件如果不实行举证责任倒置，结果一定是不公正的！更遑论规范说可能发现和纠正实体法的哪怕一点点的失误了！可以说，规范说在盲目地守护实体法的同时，已经自废武功，使自己丧失了对实体公正的守护功能！

（4）适用范围的根本局限。如前所述，该学说能够适用于经济上的商业行为或法律上的合同行为领域，但是，仅此而已，超出该领域就要出问题。所以，在侵权诉讼中，该学说屡屡碰壁。而在特殊侵权之诉中，就干脆要倒置，又不全是倒置，有的关于过错问题要倒置，有的连因果关系问题也要倒置。实际上意味着该学说在所谓特殊侵权领域——这一领域似乎在不断涌现，已弃之不用。正如有学者批评其拘泥于法律条文而不顾及实质公平时所说，"随着现代社会商品经济的突飞猛进，这种弊端暴露得极为明显"。[1] 而在行政诉讼和刑事诉讼中，该学说更无说话余地，在这两种诉讼中，人们不能从该学说中找到任何可用之处。

（5）苛刻的实体法生存条件的根本局限。规范说还必须以完备的实体法为生存条件，因为该说将其规范分析建立在近乎详尽地涵盖和调整我们生活关系的多样性和复杂性的法秩序基

---

〔1〕 毕玉谦：《民事证据法判例实务研究》，法律出版社1999年版，第509页。

础上。如果实体法不完备，甚至措辞上的不统一都将导致法官在举证责任分配上无所适从。如果实体法规范有问题并将陷举证责任分配于不公，法官也无法在诉讼中发现或矫正。所以，在法制不完善的国家或判例法国家，法官适用规范说就会感到迷惘。[1]当实体法规范致使举证责任分配明显不公，并致明显该胜诉的一方不能胜诉时，法官也会感到十分困惑。

即使实体法做到了最大程度的完备，是不是达到了可以按照规范说的规则分配举证责任，仍然不好说，前述夫妻共同债务的举证责任问题就是典型例子。为了认定夫妻共同债务，从《婚姻法》到司法解释，再到"答复"，后又出台"补充规定"，不可谓不完备，但是，夫妻共同债务的举证责任分配问题仍然是绕不开治不好的"顽症"。

实际上，历史上从来就没有制定完备无遗的实体法，也不会有。因为社会的不断前进势必使法律滞后，法律也不可能穷尽生活关系的多样化和复杂性。所以，将一种学说建立在不可能实现的假设上，本身就十分不可靠，罗森贝克"向《民法典》的编辑们问候，因为他们自觉地且一贯地满足这一要求"[2]，纯属自欺欺人！

规范说有如此严重的根本问题，越来越多的倒置和许许多多的规则混乱现象就绝非偶然，该学说注定要成为历史。但在没有更科学的、更实用的理论出现之前，该学说在其他学说的相互补充之下必将作为主导学说通行一时，不过这要以举证责

---

〔1〕 罗森贝克在《证明责任论——以德国民法典和民事诉讼法典为基础撰写》第136页称"我们的原则也适用于非制定法"，但却没有分析为什么适用，又怎样适用。

〔2〕 [德]莱奥·罗森贝克：《证明责任论——以德国民法典和民事诉讼法典为基础撰写》，庄敬华译，中国法制出版社2002年版，第131页。"这一要求"指权利妨碍规范在制定法中的明确规定。

任分配规则的一定程度的混乱和实质公正的一定程度的牺牲为
代价。

第二节　危险领域说评析

规范说一经提出就受到广泛关注和传播，同时也受到很多
批判。在对规范说予以批判的学说中，危险领域说是最有力且
被司法实践广泛采纳的一个，所以，有必要对危险领域说作一
评析。

一、危险领域说概述

危险领域说是在对规范说的批判中提出的。其创立者德国
学者普霍斯（Prulss）经研究大量判例认为，在加害方能够进行
法律上或事实上控制的生活领域产生的侵权案件不能适用规范
说，而应当由加害方对其过错和行为与结果之间不存在因果关
系承担证明责任，即所谓举证责任倒置。其理由在于如果按照
规范说由受害人举证，则受害人举证很困难，同时不利于预防
侵权行为和损害结果的发生。

二、危险领域说评析

1. 危险领域说对公正的回归和对行为控制规律的局部适应

可以看出，普霍斯提出自己的观点时头首已伸到法律框架
之外。因为他发现了规范说在侵权领域，尤其在危险领域适用
时必然导致不公平。为了寻找公平，他没有局限于法律规范，
而是从法律规范所涉及的生活领域角度提出危险领域说。"应当
说，危险领域说在方法论上改变了过去规范说的教条主义，在证

明责任的重新分配方面反映了分配公正性的要求。"[1]也正是这种基于公正的回归和探索使危险领域说具有一定的科学性。

在危险领域，即"当事人于法律上或事实上能支配的生活领域范围",[2]当事双方往往存在主动与被动或控制与受控的地位关系，侵权行为或行为对象往往在侵权人的控制领域之内。在这种情况下，关于双方行为的信息流动出现了因地位不平等而导致的信息流动不对称，证据分布倾斜在侵权人一方，侵权人因控制而掌握着大部分或所有双方行为情况的信息。那么，为了查明案情，让侵权人，即危险领域的控制者，证明其行为的正当性符合公平性要求是正确的，只不过这个正当性在某些现行规则中被不正确地表述为无过错或无因果关系。所以，该说反映了危险领域的信息流动规律，局部适应了行为控制规律，具有一定的科学性。该说对规范说具有很好的补充作用，有利于一定程度地恢复公正。

2. 危险领域说的根本缺陷

虽然，危险领域说批判规范说背离公正而自觉回归公正，并探索实现公正的途径，提出了倒置规则。但是，危险领域说毕竟没有探究在危险领域行为过程中的证据分布规律，所以，危险领域说仍然停留在技术层面上，其缺陷也是很明显的。

首先，该说只能适用于危险领域，"尤其是积极性债权侵占和侵权行为损害赔偿诉讼中"。[3]当它试图应用到债权领域时，由于"危险领域"实际上已不是危险领域，该说就会因为失去其理论的立论基础而毫无意义。所以，它的适用范围是很狭

---

〔1〕 陈刚：《证明责任法研究》，中国人民大学出版社 2000 年版，第 192 页。

〔2〕 肖建国：《民事诉讼程序价值论》，中国人民大学出版社 2000 年版，第 492 页。

〔3〕 陈刚：《证明责任法研究》，中国人民大学出版社 2000 年版，第 209 页。

窄的。

其次，该说的可操作性差。什么是危险领域？加害方能够进行法律上或事实上控制的生活领域如何理解和界定？加害人负责举证证明什么，或者说相对于规范说而言倒置什么？是无过错，还是无因果关系，抑或二者都倒置？实在难以界定。最后又不得不借助公正的主观诉求而自由裁量，使倒置规则又处于实际无规则的飘忽不定状态。"但是，立法上为什么会出现举证责任倒置的情形？一般来说，立法者规定举证责任倒置时考虑到的因素不外乎：（1）举证难易……（2）保护弱者。"[1]

所以，危险领域说稍微把头首伸出"框"外就发现了具有一定科学性的结论。但由于毕竟没有发现证据分布的基本规律这个科学根据，因而只能局限于一种技术，而且是贴附在规范说旁边以补充适用的极不成熟的技术。

第三节　利益衡量说评析

利益衡量说是由日本东京大学石田穰先生提出的，石先生是法律要件分类说主要是规范说的反对者。与危险领域说一样，利益衡量说也对规范说予以批判，只是批判得更加猛烈和彻底，并力主通过利益衡量分配举证责任。由于该学说与美国的主要分配学说一致，并在美国的司法实践中被广泛运用，所以，应当予以评析。

一、利益衡量说概述

利益衡量说创立者石田穰先生认为，如果立法者的尺度已

---

〔1〕　何家弘主编：《新编证据法学》，法律出版社 2006 年版，第 274 页。

经体现在制定法上，就应当根据法律规定进行分配。当立法者理解的立法意思为不存在或处于不明确状态时，对于这种法律上的欠缺，则应当通过判例来创造证明责任规范。同时，石田穰先生提出法官在创造证明责任规范时应考虑的因素有：证据距离、依事实性质的立证难易、关于事实的存在或不存在的概然性、诚实信用原则或禁反言等。

利益衡量说也被大陆法系学者指称为美国的关于证明责任分配的通说，概因美国的通说就是主张各种利益的综合衡量，主张具体问题具体对待。美国关于证明责任分配通说的考量因素有：政策、公平、证据所指或证据距离、方便、概然性、经验规则、请求变更现状的当事人应负证明责任等。[1]

二、利益衡量说评析

1. 利益衡量说对公正价值的固守和对证据分布规律的接近

实际上，利益衡量说的宗旨就是要在举证责任分配上体现公正。比如，参考因素中的"公平""诚实信用原则"，几乎是直接指称公正；"政策""证据距离""概然性""依事实性质的难易"等考量因素是在具体案件中调整公正尺度的不同杠杆；"法律上已做规定的""经验规则"和"请求变更现状的当事人应负证明责任"等因素则是被认为能够体现公正的举证责任分配规则。

由于利益衡量说紧紧抓住公正这个法律的终极价值不放，不拘泥于成文法的规定，也不拘泥于判例本身，而是具体问题具体分析。所以，该说具有极大的革命性，相对于前面两种学说，该说最容易发现真理，最有机会接近科学。加之，该说在

---

〔1〕 陈刚：《证明责任法研究》，中国人民大学出版社 2000 年版，第 215 页。

实践中经多次检验产生了许多考量因素以帮助达到公正，有些参考因素如"证据所持"或"证据距离""概然性""依事实性质的难易"等已经是作为证据分布的基本规律的直接近层表象。如果再问个为什么，就可能揭开表象发现流淌在这些参考因素下面的一条共同的地下河——证据分布的基本规律。所以，利益衡量说最接近科学。

2. 利益衡量说的根本缺陷

但是，利益衡量说毕竟没有发现各种考量因素下面的规律之河，所以，利益衡量说不过是一直在围绕公平这个轴心打转，并在打转过程中拾得一些零散心得而已。加之公正本来就天生一张"普罗修斯"的脸，所以，该学说就有了其无法解决的根本缺陷，即随时威胁着法的安全性。

一个案件可能涉及适用多个不同考量因素，或者现有考量因素均不能用。即使同一个考量因素具体到个案中怎么理解适用，都会因法官业务水平的不同或者道德水准原因，或者司法制度原因，甚至社会制度原因而使法官作不同的因素组合、因素解释或因素发现，法官实际上拥有不受限制的自由裁量权！

如此一来，在这一点上，该学说正好走到规范说的另一极端。它在打破规范说"法学形而上学"[1]的同时，又使自身陷入"无政府"状态。这一状态正是规范说创始人罗森贝克所担心的，他说："如果法官想将具体的诉讼之船根据公正性来操纵，那么，他将会在波涛汹涌的大海里翻船。诉讼的本质将会从根本上受到破坏。根据公正性自由裁量的法官，是依据其感情而不是依据什么原则来裁量的。每一种法安全性均会消失得

---

〔1〕〔德〕莱奥·罗森贝克：《证明责任论——以德国民法典和民事诉讼法典为基础撰写》，庄敬华译，中国法制出版社 2002 年版，第 13 页。

无影无踪。"〔1〕当然，我们可以寄希望于德才兼备的尽善尽美的法官和完美无缺的司法制度来解决"翻船"问题。但法官和制度的两个完美状态只能是法治的理想，而不会成为现实。可以想见，采纳利益衡量说作为举证责任分配的理论依据也必然要以牺牲相当部分的公正为代价。我国司法实践中关于夫妻共同债务的举证责任分配历经曲折，设想在十多年的全国范围的实践中，如果任由办案法官自由裁量分配举证责任，那会出现什么样的混乱局面！

本章结语

从对三种主要学说的评析可见，即便在民事诉讼中，三种学说都既有一定程度和范围的科学性，又都有无法克服的根本的缺陷。如果离开民事诉讼，它们就只能被搁置一旁，至多被勉勉强强地借鉴一二，都失去了指导意义。〔2〕其根本原因就在于，它们都只是立足于、并着眼于公正的价值追求，在方法论上只能是从规范到规范，或从经验到规范，而不是探寻问题中的证据的本质和运动规律，都没有真正把证据问题作为科学问题。所以，即便三种学说被综合运用，也不能解决举证责任分配的整体上的科学性问题，也不能解决举证责任分配规则的体系化和明确化问题，尤其不能有效解决司法实践问题，更遑论在行政诉讼或刑事诉讼活动中的运用了。

---

〔1〕 ［德］莱奥·罗森贝克：《证明责任论——以德国民法典和民事诉讼法典为基础撰写》，庄敬华译，中国法制出版社 2002 年版，第 97 页。
〔2〕 参见黄维智：《刑事证明责任研究——穿梭于实体与程序之间》，北京大学出版社 2007 年版，第 28~37 页；黄永：《刑事证明责任分配研究》，中国人民公安大学出版社 2006 年版，第 128~216 页。

　　关于上述三种学说乃至其它的如盖然性说、损害归属说等的评析或批评还有很多，从未间断。这些评析或批评有的是站在某一学说的角度评析或批评其它学说，有的或者更多的是指出各主要学说的不足，进而得出对几种学说综合运用的结论，这种情况主要发生在近些年的我国。〔1〕但是，这些评析或批评都没有从证据的本质和运动规律出发，而都是如被评析或批评的学说一样从公平或公正的价值出发。所以，目前的举证责任分配学说实际上都是把举证责任分配问题作为价值问题，〔2〕没有认识到或真正认识到事实或证据问题本质上是科学问题，没有认识到公正是证据活动的终极价值追求，而通向公正的事实查明过程的出发点和路径却是证据科学，是对证据的本质和运动规律的认识和运用。这种情况即便在最近几年的证明机理的研究开始受到注意的情况下也没有发生实质改变。〔3〕

---

　　〔1〕　参见肖建国："论民事举证责任分配的价值蕴涵"，载《法律科学》2002年第3期，第105~107页，"举证责任分配'规范说'是近代民法的产物，体现了近代法学思潮——概念法学的特征。……而危险领域说等举证责任分配新学说则是现代民法的产物，体现了现代法学思潮——自由法运动的主要特征。……在现代社会中，单纯依靠一种标准分配举证责任恐已难当其任，合理的选择是在实现实体一般公正的前提下综合考虑各种因素、各家之言，正如台湾学者所言，应参酌各种学说来解决举证责任的适当分配问题。"

　　〔2〕　参见陈刚：《证明责任法研究》，中国人民大学出版社2000年版，第224页。"两大法系证明责任分配理论的共同性方面表现为：首先，证明责任分配追求的最高理念是实现法的正义。……其次，证明责任分配必须符合诉讼公平的要求。……最后，证明责任分配要符合实现民事诉讼制度目的需要。"显然，这三个共同性方面的表现都是价值层面的内容。

　　〔3〕　参见［美］罗纳德·J.艾伦："论司法证明的性质"，王进喜等译，载《证据科学》（第19卷）2011年第6期，第761~767页；封利强："司法证明机理：一个亟待开拓的研究领域"，载《法学研究》2012年第2期，第143~162页。

第九章

我国现行举证责任分配规则评析

我国现行举证责任分配规则分别由民事诉讼、行政诉讼和刑事诉讼三大诉讼法及其相关司法解释规定，属三诉分立的证据立法模式。也许是因为这一种分立的证据立法模式由来已久，或各证据规则似乎当然分属于不同的诉讼法体系，所以才使我们没有充分地注意三大诉讼证据规则尤其是举证责任分配规则之间的联系或共同特点，而没有去寻找支配举证责任分配规则的共同规律。三大诉讼中的举证责任分配规则呈现出互不相干、各行其道的局面。我们对三大诉讼中举证责任分配理论的研究，也呈现出或者牵强附会地相互介绍有关学说而又不加引用，或者干脆分道扬镳、各说一套的局面。这些学说反过来又被立法者不同程度地采纳，致使目前的举证责任分配规则颇显复杂和混乱。

第一节　民事诉讼举证责任分配规则评析

规范我国民事诉讼举证责任分配的法律是《民事诉讼法》，相关解释有最高人民法院《民诉法解释》《关于民事经济审判方式改革问题的若干规定》（下称《经济审判规定》）《证据规定》《统一证据规定建议稿》。

其中，《民事诉讼法》只在第 64 条作了"谁主张，谁举证"

的原则性规定。《民诉法解释》在第 90 条细化重述了《民事诉讼法》的"谁主张，谁举证"的原则性规定外，在第 91 条又规定了一个举证责任分配原则：即，"人民法院应当依照下列原则确定举证证明责任的承担，但法律另有规定的除外：（一）主张法律关系存在的当事人，应当对产生该法律关系的基本事实承担举证证明责任；（二）主张法律关系变更、消灭或者权利受到妨害的当事人，应当对该法律关系变更、消灭或者权利受到妨害的基本事实承担举证证明责任。"

由于《证据规定》是"第一批比较系统地针对民事诉讼证据问题作出的司法解释"。[1]所以，《证据规定》实际上也是对我国现行举证责任分配规则的最全面的概括。《统一证据规定建议稿》则基本上是对《证据规定》的相关规定的移植，且原则性条款已经被后来新修订的《民诉法解释》全盘吸收，同时意味着《统一证据规定建议稿》结束了自己的建议使命。

一、《民诉法解释》举证责任分配规则评析

《民诉法解释》明确规定了两个举证责任分配原则，一个是"谁主张，谁举证"原则，另一个实际上是规范说的原则。从字面上看，这两个规定突破了《民事诉讼法》的规定，原则规范不是一般规范，司法解释是不能突破的，所以，第 91 条的规定存在效力问题，如果单从字面上看就是无效的。

不过，从内容上看，第 91 条可以理解为第 90 条的具体细化规定，而不是"原则"规定。因为第 91 条不过是把主张的事实从实体法要件事实上分个类，如果把分类的两块要件事实抽掉，剩下的共同的表述还是"谁主张，谁举证"。可见，司法解释实

---

〔1〕 最高人民法院民一庭编：《民事诉讼证据司法解释及相关法律规范》，人民法院出版社 2002 年版，第 18 页，曹建明讲话。

际上要通过"填空"的方式，把规范说的原则上升为真正的举证责任分配原则。只是其颇有偷梁换柱之嫌，而且，在法条设计和语言表述上极为笨拙。

当然，不能由此认为最高人民法院试图越位"篡权"，而恰恰可以看出司法实践部门的为难所在。因为"谁主张，谁举证"明显不适应实践情况和需要，不能有效发挥作用，等于没有原则，所以，不如规定一个理论界尚比较认可的、在实践中还可以一用的原则，例外情况就姑且倒置再说。

二、《证据规定》举证责任分配规则评析

1. 《证据规定》举证责任分配条款的结构问题

《证据规定》关于举证责任分配的规定有第 2、4、5、6、7条共 5 个条文。其中，第 2 条旨在明确和细化《民事诉讼法》第 64 条"谁主张、谁举证"这一基本原则；第 4 条规定各种所谓特殊侵权案件中的举证责任倒置情形；第 5 条、第 6 条是对合同纠纷和劳动争议案件中的特殊事实的举证责任分配的规定；第 7 条是为特殊情形下举证责任的分配提供规则。考虑到实践中举证责任问题的复杂性，《证据规定》在第 7 条对依据法律和司法解释无法确定举证责任的承担者时，法官应当按照什么原则和考虑的因素去分配当事人的举证责任作出规定。

由于有了前面对当今主要举证责任分配学说的评析，所以，我们很容易看出，我国现行举证责任分配规则是三个学说共同作用的复合体。这个复合体又呈现这样的结构状态，即规范说是基础、危险领域说是补充、利益衡量说是特殊。规范说的基础地位，通过第 2 条确定，该条规定的"当事人对自己提出的诉讼请求所依据的事实或反驳对方诉讼请求所依据的事实有责任提供证据加以证明"简直就是罗森贝克每一方当事人均必须

主张和证明对自己有利的法规范的条件的中文翻译，当然，第5条关于合同纠纷特殊事实举证责任的规定在规范说中也能得到解释。危险领域说的补充地位通过第4条倒置原则确定，第6条也能从危险领域说中得出解释。利益衡量说的特殊地位在第7条予以充分体现，其中提到的"公平原则和诚实信用原则，综合当事人举证能力等因素"就足以囊括利益衡量说参考因素的所有内容。

　　现在问题来了，第7条在这个"复合体"中有没有位子？如果有，在哪？它与第2、3、4、5、6条是什么关系？这绝不是"特殊"两个字就能回答的。因为任何一个事物成为事物并正常发挥其功能都必然自成一个系统，具有完整的结构。一项法律制度也一样，它要发挥其制度功能就必须具有结构上的体系性和完整性，否则将导致混乱。而《证据规定》有了第2条的基本原则规范和第4条的倒置规范及第5、6条的特殊事项规范作补充，就已经形成相对还算完整的结构。实际上，第4、5、6条本身就是特殊的规范，除此之外，未作特殊规定的当然应该适用第2条的基本原则规范。所以，第7条再来个"特殊情形下"的规范是没有道理的。然而，我们又感到这第7条的必要性，并且从条款顺序看，它具有兜底条文的特点；从条文语言上看，它具有一般条文的特点。凡是在法律没有具体规定，依本规定及其他司法解释无法确定举证责任承担时，均依第7条确定，据此规定，它是所有举证责任分配问题的最后解决依据，应该比第2条的规定有更高的效力。也就是说，这个兜底规定的效力高于或大于原则性规定的效力，这是矛盾的、奇怪的，也是科学的法律规范体系不允许的。那么，这怎么回事呢？因为我国现行举证责任分配制度是前述三种学说共同作用下的产物，不怪才怪呢！

当然，不能因为其怪就纯粹去追求立法技术上的完美，从而删去第7条或作其他取舍。所以，我国现行民事诉讼举证责任规则反映了立法者——实际上是最高人民法院追求公平的良苦用心。他们既要考虑有法可依，从而不得不选择现行主要学说作尽可能详尽的整体规定，又不得不承认这些规定还将不能适用许多尚未考虑到的情形，从而告诉法官公平才是举证责任分配的终极价值。所以，现行规则实际上是立法者的无奈的选择，是权宜之计，真正反映了"程序理论准备不足导致实践的混乱"。[1]由此可见，证据法学理论工作者的担子有多重！他们的任务又多么紧迫！

2.《证据规定》举证责任分配条款的内容问题

《证据规定》关于举证责任分配规范的结构问题，因为来源于三种学说的共同作用，所以，从根本上讲不是科学发现的结果。因为三种学说没有哪一个建立在作为证据的信息分布规律的发现的基础之上。并且也没有哪一个揭示规律关系的某一方面，也不会因为三种学说的拼凑而导致规律的发现，所以《证据规定》不会从根本上解决举证责任分配问题。相反，其势必导致除了前述制度结构上的问题外，还有具体规则上的问题。

（1）第2条的基本原则，根本上就是错误的。"谁主张，谁举证"虽然是古老的举证责任分配原则，但是，因为行为控制规律的作用，主张某种事实，并不意味着占有证明该事实的证据，所以，从程序公正出发，"谁主张，谁举证"作为举证责任分配的一般原则是没有科学根据的。该原则已被证明会导致一系列不公平，所以已经有了且必将还要有许多例外或特殊。这

---

〔1〕 肖建国：《民事诉讼程序价值论》，中国人民大学出版社2000年版，第11页。

一原则已经体无完肤，根本就不能作为基本原则〔1〕。实际上，几大法系的司法实践，包括前述评析的"规范说""危险领域说"和"利益衡量说"也都没有简单地规定"谁主张，谁举证"为一般或基本原则。

（2）第4条中有几款是有问题的。第2款"由加害人就受害人的故意造成损害的事实承担举证责任"是错误的，因为受害人受损前的行为由自己控制，自己行为过错与否的事实只能由受害人举证，所以，这一条应改为："受害人就其不存在故意负举证责任"。

第3款"加害人就……其行为与损害结果之间不存在因果关系承担举证责任"是错误的。因为环境污染中造成污染的一方控制的是污染行为，并未因此控制行为对象即受损物，所以，污染行为与受损物之间的因果关系不能由污染人（即加害人）举证，而仍应由受害人举证证明存在因果关系。

第5款"由动物饲养人或管理人就受害人有过错或第三人有过错承担举证责任"是错误的。因为受害人的行为均由受害人或第三人分别控制，饲养人或管理人无法知晓或获取他人控制的行为的过错状态的信息。所以，这一款应改为："由受害人或第三人分别就各自行为无过错承担举证责任"。

第7款"由实施危险行为的人就其行为与损害结果之间不存在因果关系承担举证责任"是有问题的。共同危险行为因共同威胁周围人、物的安全，一旦造成损害，行为人应对外承担连带责任。所以，在受害人诉共同危险行为人的案件中，无须规定行为人内部情况，只由受害人就损害结果指出是共同危险行为造成就行，被告可指向共同危险行为人中的任何一人或全

---

〔1〕　陈刚博士还从主张与证明的关系角度分析这一原则的根本性错误。参见陈刚：《证明责任法研究》，中国人民大学出版社2000年版，第228页。

部。共同行为人内部责任的归属和划分适用第 7 款规定，如不能举证"不存在因果关系"则均摊或依危险程度比例分摊责任。

（3）第 7 条从举证责任分配的立法上看实无必要。该条的要旨在于告诉法官：举证责任分配最终的价值追求是公平，在没有其它办法的时候怎么公平怎么分配。殊不知，公平不但是诉讼法，而且是实体法的最高价值之一，价值不具有规范意义，把公平直接作为举证责任分配的具体规则或一般原则都是错误的，也是没有必要的。所以，该条规定实际上不具有作为举证责任分配的规范意义，举证责任分配应有自己的基本原则。

三、《经济审判规定》和知识产权法相关规定评析

在《证据规定》之外，值得提及的是最高人民法院《经济审判规定》的第 30 条，即："有证据证明持有证据的一方当事人无正当理由拒不提供，如果对方当事人主张证据的内容不利于证据持有人，可以推定该主张成立。"因该条与《证据规定》不抵触，所以自然有效。这一条虽然规定在证据认定一节中，但是，显然具有举证责任分配的规范意义，而且类似于有些学者提出的举证妨碍情形的举证责任倒置规定。[1]

之所以提及司法实践的这些规定，是因为它们充分体现了控制者自证其当原则的精髓。本来某证据根据行为控制规律应由诉方持有，可是由于某种原因，比如辩方的暴力抢夺、诈骗等打破了行为控制规律的正常作用而使该证据由辩方持有，这时再让诉方提供该证据显然是不公平的，而应由辩方提供。当

---

[1] 汤维建："论民事诉讼中的举证责任倒置"，载人民大学复印资料《诉讼法学、司法制度》2002 年第 11 期，第 69 页。以为举证责任倒置的原因之一是举证妨碍（受阻），即负有举证责任的一方当事人在相对方因故意或过失行为将诉讼中存在的唯一证据灭失或者无法提出，以致处于不能证明状态的一种特殊诉讼现象。

然，诉方须先证明导致这一不正常状态的事实。因为诉方是正常状态下信息载体的控制者，也即自己行为领域的控制者。当外界行为打破正常状态必然有相关行为发生并作用到诉方，而诉方作为辩方相关行为领域的控制者，当然应证明辩方相关暴力或诈骗等导致不正常状态发生的行为的存在，即承担"有证据证明"的初步证明责任。

　　类似的规定还集中反映在知识产权法的相关规定中，如《商标法》第63条规定："人民法院为确定赔偿数额，在权利人已经尽力举证，而与侵权行为相关的账簿、资料主要由侵权人掌握的情况下，可以责令侵权人提供与侵权行为相关的账簿、资料；侵权人不提供或者提供虚假的账簿、资料的，人民法院可以参考权利人的主张和提供的证据判定赔偿数额。"前述《最高人民法院关于审理侵犯专利权纠纷案件应用法律若干问题的解释（二）》（法释［2016］1号）第27条也有几乎同样的规定。这些规定也能充分反映控制者自证其当原则的精髓，与侵权行为相关的账簿、资料主要由侵权人掌握，这是行为控制规律作用的必然结果。要证明侵权所得，当然由侵权行为的控制者，同时也是这些资料的控制者承担举证责任，只是其证明对象是用这些资料证明其所得的正当性。

　　上述规定再次证明：实践是理论的检验者，它总是要把理论逼向真理！那些不切实际的理论和规则，在实践面前要么被"改头换面"，要么被弃之不用，从而失去理论应有的生命力和规则应有的效力。基本道理很简单，实践是要解决问题的，不是纸上谈兵的；司法实践是要公正地解决实际纠纷的，不是坐而论道的！

第二节　行政诉讼举证责任分配规则评析

一、现行行政诉讼举证责任分配规则

我国现行行政诉讼举证责任分配规则主要由一部法律《行政诉讼法》，和原来最高人民法院《行政诉讼法解释》及《关于行政诉讼证据若干问题的规定》（以下简称《若干规定》）两个司法解释，最高人民法院最新的《行政诉讼法解释》并没有关于举证责任的规定，再有就是《统一证据规定建议稿》进行相关规定。

其中，《行政诉讼法》第34条和第38条是对行政诉讼举证责任分配的基本规定。第34条规定："被告对作出的行政行为负有举证责任，应当提供作出该行政行为的证据和所依据的规范性文件。"该条是关于被告承担举证责任的原则性规定。第38条规定："在起诉被告不履行法定职责的案件中，原告应当提供其向被告提出申请的证据。但有下列情形之一的除外：（一）被告应当依职权主动履行法定职责的；（二）原告因正当理由不能提供证据的。在行政赔偿、补偿的案件中，原告应当对行政行为造成的损害提供证据。因被告的原因导致原告无法举证的，由被告承担举证责任。"该条是关于行政诉讼中原告承担举证责任的规定，也是对《若干规定》和《统一证据规定建议稿》的法律层面的确认。

二、《若干规定》举证责任分配规则评析

《若干规定》总结多年实践经验和吸收最新理论研究成果，对行政诉讼证据规则作了系统规定，是现行行政诉讼举证责任分配的基本依据。与民事诉讼举证责任分配的《证据规定》不

同,《若干规定》的规定思路清晰,前后协调一致,这应该是行政诉讼举证责任分配问题在理论界总体上比较一致的缘故。但这种一致并非由于理论界共同认识到证据信息的分布规律,而是由于行政诉讼解决的社会关系性质单一,即都是行政管理关系,其特点易于把握。当然,认识到这种程度就基本上能正确解决行政诉讼法的举证责任分配问题。从这个方面讲,行政诉讼的理论工作者和实践工作者比民事诉讼的理论工作者和实践工作者要幸运得多,轻松得多。

《若干规定》关于举证责任分配的条文主要有第1、4、5条。其中第1条重述被告负举证责任的基本原则,并具体为提供据以作出被诉具体行政行为的全部证据和所依据的规范性文件。由于被告是作出具体行政行为的控制者,这项规定符合行为控制规律,是正确的。

第4条第2款针对被告不作为案件,规定原告应当举证。这方面在以前无具体规定,常使法官困惑。由于不作为是被告有义务为而不为,但在作为之前总要有导致作为义务须履行的事实,即因相对人的申请行为而被动履行义务或某客观事实而主动履行职责。申请行为是由相对人控制的,相对人(即原告)应证明其申请事实存在。但如果现实运作打破这个证据信息的分布规律,比如,申请人交了申请材料,被申请人不登记、不出收据,而行政机关又具有垄断性,不由申请人选择,那么申请事实也就不能让申请人举证。如果被告抗辩称原告未申请,被告须证明其在原告主张的时空范围内登记制度完备,手续齐全,否则败诉,因为被告是登记行为的控制者。所以,第2款第2项的规定略显欠缺,应补上被告应举证的内容。好在新《行政诉讼法》第38条第1款和第2款对行政不作为案件原告的举证责任作了明确地规定和完善。

《若干规定》第 5 条是关于原告举证损害事实的规定，也是对原有笼统举证责任倒置原则的补充规定。因损害事实的证据分布在损害对象即行政相对人一方，所以，关于损害事实的举证责任由原告承担是正确的。该条规定也得到了新的《行政诉讼法》第 38 条第 3 款的明确确认，而且该条更进一步，规定："因被告的原因导致原告无法举证的，由被告承担举证责任。"这种情况主要发生在因被告的不当扣押导致的财产损失方面，即损害对象在行政行为过程中都由被告控制，因为行为不当导致财产被扣押时的数量、质量和结果的证据都分布在被告一方，原告自然无法举证，所以，应该由被告举证。结合前述知识产权侵权损失的举证责任规定，我们看到，在特定情况下，由侵权人承担权利人的损害事实的举证责任并不是个例或纯粹的偶然，只要证据分布因为行为控制规律的作用发生变化，举证责任分配的规定就要随之调整。

仍然值得一提的是《若干规定》第 69 条，即："原告确有证据证明被告持有的证据对原告有利，被告无正当事由拒不提供的，可以推定原告的主张成立"。该条规定与前述最高院《经济审判规定》第 50 条不谋而合。在此，无需赘述本条规定的科学性，我们应能明显地感觉到民事诉讼与行政诉讼在举证责任分配上具有不可置疑的共性，或者不可分割的某种联系，而不仅是表面上的正置、倒置。产生这些共性和联系的，既不是泛泛的公正诉求，也不是立法者或司法者立法技术上的统一协调行动，而是在司法实践中深刻而强烈地作用着的主导着案件证据分布的共同的基本规律。这一共同规律必然产生共同的原则，这就是控制者自证其当原则。

第三节　刑事诉讼举证责任分配规则评析

一、现行刑事诉讼举证责任分配规则

刑事诉讼举证责任分配问题，曾经在刑事诉讼法学理论界论述得很少，但是，近些年明显趋热。原先，我国现行相关法律规定也很少，甚至没有明确规定。有学者认为原来的《刑事诉讼法》第 162 条是关于刑事诉讼举证责任分配的规定，[1]并且"在刑事诉讼中，证明责任由控诉方承担，这是刑事诉讼中关于证明责任分配和承担的核心原则"[2]以及"犯罪嫌疑人、被告人一般不承担证明责任，也就是没有提出证明自己无罪的义务"[3]。

但是，2012 年新的《刑事诉讼法》第 49 条明确规定："公诉案件中被告人有罪的举证责任由人民检察院承担，自诉案件中被告人有罪的举证责任由自诉人承担。"这就从立法上确认了刑事诉讼法学界关于刑事诉讼举证责任分配的主流观点。不过，刑事诉讼法学界还普遍认为，刑事诉讼举证责任制度的基本原则是无罪推定原则、不得强迫自证其罪原则等。该条规定的只是刑事诉讼举证责任分配的基本原则，这个观点很明确地体现在 2008 年的《统一证据规定建议稿》中。但是，新《刑事诉讼法》并没有规定无罪推定原则和不得强迫自证其罪原则，2012

---

〔1〕　参见樊崇义主编：《刑事证据法原理与适用》，中国人民公安大学出版社 2001 年版，第 278 页。

〔2〕　参见樊崇义主编：《刑事证据法原理与适用》，中国人民公安大学出版社 2001 年版，第 279 页。

〔3〕　参见樊崇义主编：《刑事证据法原理与适用》，中国人民公安大学出版社 2001 年版，第 280 页。

年的新的《刑事诉讼法》解释则没有关于举证责任分配的规定。这意味着《统一证据规定建议稿》中刑事诉讼举证责任分配的规定没有得到后来的法律和司法解释的确认。

在该条原则性规定之后，第 195 条规定："在被告人最后陈述后，审判长宣布休庭，合议庭进行评议，根据已经查明的事实、证据和有关的法律规定，分别作出以下判决：（一）案件事实清楚，证据确实、充分，依据法律认定被告人有罪的，应当作出有罪判决；（二）依据法律认定被告人无罪的，应当作出无罪判决；（三）证据不足，不能认定被告人有罪的，应当作出证据不足、指控的犯罪不能成立的无罪判决。"这条规定根据事实查明情况可以分成两块，一块是事实清楚的情况下，分别作有罪或无罪判决；一块是事实不清的情况下作无罪判决。很明显，这一条是关于举证责任履行后果的规定，但看不出由谁来举证，即谁承担举证责任。

《刑事诉讼法》第 113 条规定："公安机关对已经立案的刑事案件，应当进行侦查，收集、调取犯罪嫌疑人有罪或者无罪、罪轻或者罪重的证据材料。对现行犯或者重大嫌疑分子可以依法先行拘留，对符合逮捕条件的犯罪嫌疑人，应当依法逮捕。"该条规定了公安机关全面收集证据的责任。第 160 条"公安机关侦查终结的案件，应当做到犯罪事实清楚，证据确实、充分，并且写出起诉意见书，连同案卷材料、证据一并移送同级人民检察院审查决定；同时将案件移送情况告知犯罪嫌疑人及其辩护律师"也是对公安机关提供证据责任的规定。而第 172 条"人民检察院认为犯罪嫌疑人的犯罪事实已经查清，证据确实、充分，依法应当追究刑事责任的，应当作出起诉决定，按照审判管辖的规定，向人民法院提起公诉，并将案卷材料、证据移送人民法院"则是包含了检察院举证责任的规定。最高人民法院《刑诉法解释》没有规定更为具体的举证责任分配的内容。

值得一提的是新的《刑事诉讼法》关于非法证据排除的规定。该法第 57 条规定："在对证据收集的合法性进行法庭调查的过程中，人民检察院应当对证据收集的合法性加以证明。现有证据材料不能证明证据收集的合法性的，人民检察院可以提请人民法院通知有关侦查人员或者其他人员出庭说明情况；人民法院可以通知有关侦查人员或者其他人员出庭说明情况。有关侦查人员或者其他人员也可以要求出庭说明情况。经人民法院通知，有关人员应当出庭。"

以上是能从我国现行刑事诉讼法的有关规定中搜索到的，关于或涉及刑事诉讼举证责任分配的几乎所有规定。这些规定，首先在法律层面明确了控方承担被告人有罪的举证责任。但是，同时规定，在公诉案件中，公安机关负责全面收集证据，检察院有权决定不起诉或撤销案件，如果起诉时认为犯罪嫌疑人的犯罪事实已经查清，证据确实充分，即认为犯罪嫌疑人构成犯罪。所以，在法院审理中，公诉人实际上也只是对被告人有罪的犯罪事实负举证责任，简言之是负有罪的举证责任，而绝不会到法院后证明被告无罪。自诉案件不存在公诉机关收集证据和检察机关审查证据过程，所以，在审理中的举证责任分配不但规定很明确，而且操作中也不会混乱。

二、刑事诉讼举证责任分配规则评析

在刑事诉讼中，虽然可以统一地说控方负被告人有罪的举证责任，但是，刑事诉讼法还是在同一条中对公诉案件和自诉案件的举证责任分配分别规定、分别表述。结合前述公诉案件中公、检、法三个司法机关不同的证据收集和审查责任的规定，公诉案件和自诉案件的举证责任实际上是有差别的。

1. 公诉案件举证责任分配规则评析

（1）被告人有罪的举证责任分配规则评析。本书在论证控制者自证其当原则时已经阐明，在公诉案件中由于正常的证据分布的基本规律被打破而出现了强制措施转化律。所以理论上，关于犯罪行为的一切证据都分布在国家公诉机关的控制领域，公诉案件中由控方承担被告人有罪的举证责任是正确的。

这个举证责任分配的正确性也不仅仅是理论上的论证。《刑事诉讼法》第 52 条关于有权收集证据的规定、第 1 编第 6 章关于强制措施的规定和第 2 编第 2 章关于侦查的规定，都是为了保障司法机关能够有效、全面地收集证据。其中的强制措施使用权是其他任何诉讼或诉讼参与人都没有的。侦查措施中的讯问、搜查、检查、扣押、技术侦查和通缉等措施，也是其他任何诉讼或诉讼参与人无权实施的。即便询问证人、勘验和鉴定等措施，包括辩护人在内的诉讼参与人的实施条件也是没法与侦查机关相比的。所以，公诉案件由控方承担被告人有罪的举证责任不但是应该的，也是有充分保障的。

当然，即便如此，也不能保证侦查机关在所有的公诉案件中能够有效地收集证据，大量的未能侦破的案件、疑罪从宽案件和实际存在的辩诉交易案件就是例证。

另外，这个举证责任分配原则还与关于侦查机关全面收集证据的规定存在冲突。全面收集证据就要收集嫌疑人有罪、罪重和无罪、罪轻两个方面的证据，这涉及收集证据的两个方向。但是，侦查机关属于国家司法机关的组成部分，是公权力的实施机关，具有维护和扩张公权力的本能；加之作为公诉机关的检察机关有罪的举证责任导向和对侦查机关侦查工作的审查、指导和监督作用，侦查机关在收集证据时会有收集有罪证据的天然倾向。

所以，公诉案件由控方承担被告人有罪的举证责任的分配原则并不能解决侦查机关收集证据的有效性和全面性问题，在特定案件中适当地规定被告人的举证责任和辩护人的特别的证据收集权是必要的，也是符合控制者自证其当原则的。

（2）非法证据排除的举证责任分配规则评析。关于非法证据排除的举证责任分配，《刑事诉讼法》第57条明确规定："人民检察院应当对证据收集的合法性加以证明"。有刑事诉讼实务经验的律师都知道，该条的规定实在正确，应该点赞。理论上，该规定可以说是控制者自证其当原则的标本和再次确证，因为证据收集行为都是在侦查机关的控制领域之内，检察院作为侦查机关的后手和公诉人，应该对侦查行为的正当性承担举证责任，这里的正当性具体而言就是证据收集行为的合法性。

不过，该条第2款却使第1款的规定大打折扣，甚至形同虚设。"现有证据材料不能证明证据收集的合法性的"，"可以通知有关侦查人员或者其他人员出庭说明情况"，等于在正当性举证不能的情况下通过自己的说明来完成举证责任。谁都知道，侦查人员的说明无异于控方的陈述，对证据收集的合法性是没有证明力的。所以，第2款的规定无原则地迁就了侦查机关和公诉机关，使好端端的一个非法证据排除制度变样走形，基本上背离了初心，失去了应有功能。

2. 自诉案件举证责任分配规则评析

在自诉案件中，由于行为控制规律正常运转，控辩双方的举证责任分配就不能作简单规定，而应根据案件情况严格遵循控制者自证其当原则分配，否则必然导致不公。当然，被告人是从无罪方向承担举证责任，而不是承担有罪的举证责任。具体而言，如果被告人只是其加害行为的控制者，则须对行为无过错承担举证责任；如果被告人既是其加害行为的控制者，也是其加害行为对象（即自诉人）的控制者，则不但要对其行为无过错承担举证责任，而且须对其行为与原告损害结果之间无因果关系承担举证责任。

但是，《刑事诉讼法》只是简单规定自诉人承担被告人有罪的举证责任，同公诉案件一样，并没有规定被告人的举证责任。这是不合理的，该规定总体上违背了行为控制规律和控制者自证其当原则。

立法者可能出于同公诉案件一样的人权保护考虑而这样规定，但是，这反过来又会陷自诉人于不利，而且是不公正的不利。实际上，在不降低刑事诉讼证明标准的前提下，在自诉案件中，根据控制者自证其当原则让被告人承担应有的无罪的举证责任才是符合公正的价值要求的。

毋庸置疑，由于历史的原因，人权保护在刑事诉讼中被提高到几乎至高无上的位置，无罪推定原则就是其制度表达。但是，人权保护和公正维护在一定情况下是存在冲突的。人权更多的是从个体角度确定的价值，而公正则主要是从社会角度确定的价值，它们的价值立足点和取向就蕴含着冲突的可能。在刑事诉讼中强调人权保护无疑是正确的，是有非常重要的历史意义和现实意义的。但是凡事不能绝对化，不能走极端，不能矫枉过正，否则，就会走向谬误。

单从价值角度看，价值是以人为主体的社会、自然之于人的需求的满足属性。而人、社会和自然以及人的需求都是自在的又相互关联的系统，所以，价值也是一个系统。在这个价值系统中，有核心价值，有局部和外围细节价值。其中，核心价值具有稳定价值系统的基础作用，也决定着价值系统的性质。局部和外围细节价值是价值系统的组成部分，是次要的，也是必要的。

在现代社会，个人组成社会系统，个人生活在社会系统中，社会系统又依赖于个人。所以，基于个人需求的价值和基于社会需求的价值同等重要，都是核心价值。任何一个价值被忽略，都将导致没有个人的社会或者没有社会的个人，结果都是现代社会系统的崩溃。所以，人权和公正都是现代社会的核心价值，不能被忽略，也不能有所倾斜或偏颇。

但是，什么是人权？什么是公正？怎样才能保障人权？怎样才能维护公正？怎样才能在二者之间做到平衡？这些问题都不是喊喊口号就能解决的，而是要有一系列制度保障，并结合具体问题采取合适的具体措施的。

具体到自诉案件被告人的举证责任问题，是要保障被告人的人权，还是要维护公正的社会秩序？再具体一点，能不能根据控制者自证其当原则，在被告人控制的行为领域要求被告人承担其无罪的举证责任？我认为，不但可以，而且应该！

首先，控制者自证其当原则旨在充分发现事实，而事实是一切价值保障或维护的前提。不讲事实的价值是毫无意义的，甚至是有害的。所以，无论是为了保障人权，还是为了维护公正，都应该不能妨碍事实的发现。

其次，在自诉案件中，诉讼模式仍然是对抗制的，自诉人与被告人的诉讼地位完全平等，证据分布的基本规律正常发挥作用，自诉人也没有公诉人及其前手侦查机关的侦查权力。那么，如果像公诉案件一样，绝对地要求自诉人承担被告人有罪的举证责任，而被告人绝对不会承担无罪的举证责任，丝毫不考虑行为控制规律对证据分布的作用，其结果只能是：大量自诉案件难以全面发现事实，自诉人自诉困难。被告人的人权得到保障了，但是，自诉人的权利或人权却失去了保障，公正秩序受得了损害。不幸得很，这正是现在自诉案件的基本事实！

所以，现在的自诉案件非常少，一般都要想方设法争取"公家"出面，甚至为了达到公诉目的，不惜把事情闹大，或者坚持不懈地上访，不达目的不罢休！

所以，在自诉案件中，我们仍然应该要首先弄清案情，然后才能作价值判断。在举证责任分配上不作科学制度设计，就必然不能查清案情，这样就不可能作正确的价值判断，真正的人权保障和实质上的公正将不可能实现。试想，如果靠单方面地牺牲真理与公正来保护人权，这样的人权又有什么价值？这样的人权又能保护多长时间？所以，在一定情况下，人权保护的目的应该让位于公正、正确地实现国家刑罚权的目的。[1]

实际上，即便是公诉案件，刑法也已经规定了被告人无罪的举证责任，它就是第 395 条巨额财产来源不明罪。这一规定常常被理解为无罪推定原则的例外，而这一例外还在国际上是一种惯例。[2]不难看出，这一例外反映了行为控制规律的强劲作用和控制者自证其当原则的适应性。该罪的客观要件要素之一是"巨额财产来源不明"，这是要公诉人举证证明的。在公诉人证明了这个要素后，被告人就要证明这些不明来源财产的来源的正当性。因为来源不明财产作为结果状态，是由被告人过去自己控制下的行为形成，侦查机关即便控制了被告人，也难以掌握其取得不明财产的所有证据信息。加之作为财产的表现形式的物和货币，在被告人过去的行为中可能相互转换或混同而无法分辨原始来源形态，所以，侦查机关即便掌握了其行为证据，也难以辨别、认定行为时的具体的财产形态。但是，差

---

〔1〕 肖建国：《民事诉讼程序价值论》，中国人民大学出版社 2000 年版，第 42 页。

〔2〕 参见樊崇义主编：《刑事证据法原理与适用》，中国人民公安大学出版社 2001 年版，第 28 页。

额巨大的财产的事实又是明摆着的，于是为了打击犯罪，只有打破常规，规定新的罪名，要求被告人对其巨额财产来源的正当性承担举证责任，人权价值真的是让位了！

第十章

控制者自证其当原则的立法模式

　　控制者自证其当原则只是举证责任分配的基本原则，为了贯彻这个基本原则，还必须制定一系列的具体规则与之配套，形成举证责任分配的法律制度体系。但是，无论这些规则如何制定，举证责任分配的法律制度也都只能是法律制度体系的一部分。而法律制度体系又有不同的部门法体系，在这些部门法体系中，除了实体法和程序法的分类外，仅程序法就可以分为民事诉讼法、刑事诉讼法和行政诉讼法三大体系。那么，举证责任分配法律制度体系到底如何设置或者说安置，就涉及立法模式问题。

第一节　现行举证责任分配规则立法模式评析

一、现行举证责任分配规则的立法模式

　　因为举证责任分配法律制度体系涉及不同的部门法，所以，关于举证责任分配规则的立法模式基本上可以从分散与集中、程序与实体两个角度进行分类。在学界，关于我国的证据立法模式在理论界有多种观点，其中以统一说和分立说为主。而举证责任分配规则的立法往往是跟证据立法一起探讨的，一般以分散与否为标准，可以分为分散的立法模式和集中的立法模式，其中，分散的立法模式在学界又被称为分立的立法模式，集中

的立法模式又被称为统一的立法模式；以被植入法律的程序或实体属性为标准，可以分为程序法立法模式和实体法立法模式。当然，二者还可以有所结合或交叉，甚至有过渡地带而呈现综合或复杂的情况。

从前面一章的论述可以看出，我国目前的举证责任分配规则的立法模式总体上是分散的程序法立法模式，即举证责任分配规则总体上被分别植入于不同的诉讼法律中。但是，近些年，一些实体法也开始直接规定相关规则，如《侵权责任法》《专利法》《商标法》和《著作权法》等，一些关于实体法适用的司法解释中的相关规定就更多了。所以，"从举证责任分配的立法例来看，各国依其法律传统和价值考量，要么主要由实体法规定举证责任分配（如德国法系国家），要么由实体法和诉讼法共同规定举证责任分配，要么由单行证据法规定举证分配。……我国采用了第二种立法例。"[1]只是，在这个立法例中，举证责任分配法律制度真正到处跨界，无处不在了。

二、现行举证责任分配规则立法模式评析

1. 分散立法模式的优点

分散立法模式的最大优点是不同的诉讼程序和案由所适用的举证责任分配规则各自独立，只要相应的规则齐备，法官在分配举证责任时，依循所适用的诉讼法或实体法就可以找到相应的规则。比如关于夫妻共同债务的举证责任倒置分配规则，虽然最后要找到《婚姻法》解释（二）和"补充规定"，还要看《民事诉讼法》及其司法解释，乃至《证据规则》的规定，但是，还是有法可寻、有法可循的。所以，这种立法模式是分

---

〔1〕 肖建国："论民事诉讼举证责任分配的价值蕴含"，载《法律科学》2002年第3期，第103页。

散的，但却是清楚的，总体上各就其位，也可以说是散而不乱。

分散立法模式的另一大优点是举证责任分配规则对所在诉讼法或实体法的契合性或适应性，使举证责任分配规则能够较好体现该法的立法宗旨，能够较好地与其它制度协调、配套，从而较好地发挥部门法的功能。比如《行政诉讼法》中的举证责任分配规则就比较简洁、清楚、实用，《专利法》中损害事实的举证责任分配规则的针对性也很强。

2. 分散立法模式的缺点

分散立法模式的最大缺点是各部门法对举证责任分配规则的重复立法、关门立法。前述《专利法》《商标法》和《著作权法》有关侵权事实和损害事实的举证责任分配规则就是重复立法的典型例证，而三大诉讼法各自制定的举证责任分配原则、规则体系就是关门立法的典型例证。

分散立法模式的另一大缺点是非专门人员适用困难。即便是法律专业人员，但不是某个诉讼法或其它部门法的专门人员，因为举证责任分配规则的分散而常常无所适从。如果一个案件在手，非得下功夫研究，否则是不能梳理出举证责任倒置分配规则的眉目的。一般老百姓就更不用说了，通常情况下都是云里雾里、一脸茫然，输了官司还不知道为什么。

分散立法模式还有一大缺点是割裂各部门法举证责任法律制度之间的联系，不能促进各部门法学相关研究的相互借鉴和贯通，不利于共性问题的发现和解决。这种情况从本书证据一章各大诉讼法学或证据法学主流学者关于证据的概念的列举，和举证责任分配规则评析一章的论述可以明显看出。

第二节　统一立法模式的基本路径

一、统一立法模式的必要性

立法模式毕竟只是立法的具体方式，对法律规范的内容并无实质影响，所以，总体上看，立法模式也不存在孰优孰劣的问题。如果有什么优劣，那也主要是相对于不同的人员或诉讼模式而言的。

现阶段，我国的法治建设还在进行中，或者说处于初级阶段。人们的法治意识已经普遍增强，但是，法治素养还很欠缺，虽然有了遇事用法的意识，但是，对于如何用法几乎还是一无所知。法律职业人员的专业水准参差不齐：军队转业缺乏专业知识的、高校毕业缺乏社会经验的、学贯中西不办案件的和经验丰富又富有理论造诣的，等等，都大有人在。总体而言，法律职业人员还没有形成统一的法律职业思维，支撑法治社会的重要群体——法律职业群体还没有完全形成。另外，法律制度体系也还不健全，一些新法需要制定，一些已有的基本法律需要修订或法典化。应该说，在这样的法治状况下出现一些问题也是不可避免的，只要向着不断改进的方向走就好。

然而，与此同时，我们的法学理论研究总体上也处于初级阶段。引介西方法学思想多年来一直是主流，所谓比较研究法；其次是总结分析司法实践经验，所谓实证研究法；再就是挖掘历史中的法学思想，所谓历史研究法。由于法治对我国来说基本上是舶来品，所以，几乎所有的法学理论研究都超不出西方法学思想的投影。致力于本土法学思想研究的学者，甚至致力于马克思主义法学思想研究的学者，几乎只能蜗居于法学学术界，甚至不敢或无处发声！在这样的法学理论研究氛围中，出现富有真知灼见、又适应我国国情和法治状况的中国特色的法学理论的概率就可想而知了。

就举证责任法律制度而言，我国多年来一直在引介德日大陆法系的学说和制度，在立法模式上自然是分散的或分立的。但是，我国大约在 20 世纪 90 年代就确立了英美法系的对抗制模式。这样一来，举证责任法律制度从法系比较和法系传统两个角度看，都似乎是有问题的，既不能体现不同法系中相关制度的比较优势，也不能体现不同法系的立法传统。加之各大诉讼法中的证据乃至证据规则具有的共同特点，所以，近些年，随着一些部门法法典化的潮流，包括举证责任法律制度在内的统一的证据立法一直是一些学者的研究内容和努力方向。毕玉谦教授领衔所著《中国证据法草案建议稿及论证》[1]、江伟教授主持、陈界融主笔的《中华人民共和国证据法》[2]和张保生主编的《〈人民法院统一证据规定〉司法解释建议稿及论证》[3]都是例证。

笔者根据我国现阶段的法治状况和几大诉讼的诉讼模式，也倾向于统一的证据立法模式。撇开各大诉讼法中的证据所客观存在的共性特征不谈，就从法治阶段状况和诉讼模式两个角度看，应该考虑采取统一的证据立法模式。在法治初级阶段，社会大众的法治素养和法律职业人员的职业素养都是初级的，所以，司法实践中，最怕和最容易出现的问题是混乱和无法可依，最急迫的事情是法的明确化和系统化，而不是法的合理性

---

〔1〕 毕玉谦、郑旭、刘善春：《中国证据法草案建议稿及论证》，法律出版社2003年版。

〔2〕 江伟：《中国证据法草案建议稿及立法理由书》，中国人民大学出版社2004年版。

〔3〕 张保生主编：《〈人民法院统一证据规定〉司法解释建议稿及论证》，中国政法大学出版社2008年版。

和科学性。如果法律条文一大堆,老百姓甚至法律职业人员却不知道具体的要用的法律在哪里,或者根本就没有,只能说明法治建设的基本问题都没有解决。

而三大诉讼法确立的基本一致的对抗制的诉讼模式,又对统一的证据制度提出了需求和条件。对抗制诉讼模式的设置本身就是要最大限度发挥当事人的诉讼作用,所以,又称为"当事人主义"诉讼模式。当事人的作用并不在于法律解释或判断,而在于事实发现。而事实发现又依靠证据,所以,当事人如何使用证据赢得诉讼是当事人的功课。那么,让当事人知道证据是什么、有哪些和怎么用,就是立法者对当事人应有的交待。所以,在对抗制诉讼模式下,统一的证据立法是必要的。而三大诉讼法对对抗制诉讼模式的一致确立,也为统一的证据立法提供了条件。

二、统一立法模式的困境和突破

1. 统一立法模式的困境

"统一、统一",不但要"统",还要能"一"。如果只是把原来各自的东西归拢到一起摆放,那只是"集装箱",一旦打开,虽然堆放整齐,但是,互相没有联系,一件归一件。现在,各诉讼法,甚至一些部门法都有了自己的举证责任分配规则,证据规则也基本上自成体系,所以,统一立法模式面临的最大问题不在于能不能"统",而在于能不能"一"。

事实证明,统一证据立法的困境就在这里。前述两个学者立法建议稿和最高人民法院的一个司法解释试点稿,除了证据概念和范围、证据裁判基本原则等少数几个地方作了较为统一的规定外,其它的如证据收集、举证责任分配、非法证据排除、证明标准等,基本上是各诉讼法或相关司法解释规定的集中列举，且在列举之前并无统一的原则性规定。语言表达上也并不轻松，往往不得不在具体规定前加上"刑事诉讼的……"或"民事诉讼的……"等字样。当然，由于各大诉讼的不同特点，不作必要的分别列举也是不可能的，但是，分别列举应该基于并存在于共性原则之上，而且只能限于各大诉讼个性的部分，否则，就是集中摆放而已。

2. 举证责任分配统一立法困境的突破

在统一证据立法的困境中，举证责任分配规则的统一问题无疑是困境中的困境，也是统一证据立法需要解决的核心问题。其基本原因在于举证责任制度是诉讼法的脊梁，当然，更是证据法的脊梁。脊梁没有，横梁和瓦片便无处摆放，已有的地基、砖墙也失去作用，房屋自然就盖不起来。所以，统一证据立法在没有解决举证责任分配规则的统一问题之前，不可能有真正的统一证据法。

举证责任分配规则的统一问题的解决，关键在于制定共同的举证责任分配原则。共同的举证责任分配原则的制定，应该依据证据分布的共同的基本规律和共同的价值目标，而不是为了统一而统一，人为制定一个不能反映共同规律和共同价值的原则。所以，《美国联邦证据规则》并不是一部好的统一的证据规则，除了术语、逻辑性等问题外，其依赖第6条的目的规定来统揽全局就有问题，该条规定："对本证据规则的解释，应当保证在每个程序中司法公平，消除不合理的耗费与迟延，促进证据法的发展，从而实现查明真相与公正判决之宗旨"[1]。该条实际上以公平公正的主观价值目标来引领和解释所有的证据规则，对证据法的发现事实的最主要任务的完成，没有指出统

---

〔1〕 王进喜：《美国〈联邦证据规则〉（2011年重塑版）条解》，中国法制出版社2012年版，第7页。

一的应当遵循的行动原则。那么，这部统一证据规则的统一，只是统一在目的上，而不是原则上。具体规则到底有没有统一性，到底有没有效力，只有目的之魂，而没有原则的尺度。这样的立法是散文的笔法，而不是法律的章法。

在许多人看来，制定三大诉讼中共同的举证责任分配原则不是天方夜谭，但也是难以想象的。但是，不管哪个诉讼，发现事实所依赖的都是证据；不管哪个诉讼，使用的证据就那么几种形式；不管哪个诉讼，证据运动的基本规律都是一样的；不管哪个诉讼，都是要公正高效地解决案件纷争。既然如此，共同举证责任分配原则制定的关键就在于证据运动基本规律的发现，而且，具体到举证责任分配，要发现的只是证据运动基本规律的一个方面，即证据分布的基本规律。这总不是天方夜谭，或不可想象了吧。这正是举证责任分配统一立法困境的突破点所在。

本书已经在前面章节中充分论证了证据分布的基本规律——行为控制规律和控制者自证其当原则，论证了控制者自证其当原则在三大诉讼举证责任分配中的运用。控制者自证其当原则完全可以和应该成为三大诉讼举证责任分配的共同原则。举证责任分配统一立法的困境完全可以据此实现突破。

三、举证责任分配规则的统一立法模式

举证责任分配规则是证据规则的核心，控制者自证其当原则作为举证责任分配的共同的基本原则，应该说给统一说和统一立法奠定了重要基础。

但是，这只是奠定了基础，基础之上还必须有相应的规则结构，形成规则体系，才能实现举证责任分配法律制度的完整功能。所以，制定统一的举证责任分配规则体系就成为基础之

后的任务。

　　作为证据法律制度体系的一部分，一般情况下，举证责任分配制度作为证据法的独立一章比较合适。具体到条文结构，举证责任分配规则体系仍应采基本原则加具体规则的方式。其中，基本原则对具体规则发挥总的指导、规范和补充功能，具体规则发挥细化基本原则和主要类别案件举证责任分配的具体规范功能。

　　不过，基本原则的"基本"也是相对而言的。比如，统一的证据法应该有统摄所有证据规则的基本原则，控制者自证其当原则能不能担当此任，还需研究。另外，在控制者自证其当原则之下，必要时，可以有统摄某诉讼领域举证责任分配规则的次级原则，作为相应领域的基本原则。比如，刑事诉讼领域的公诉案件可以规定"公诉机关负被告人有罪的举证责任，被告人不负自己有罪或无罪的举证责任"。

　　至于具体的举证责任分配规则，首先，可以在控制者自证其当原则的指导下，梳理、修改现有各诉讼领域的相关规则，同时针对现实或可能问题作必要的补充，使各诉讼领域的规则体系化；其次，将各诉讼领域的规则归并，在控制者自证其当原则指导下再次梳理，提取共同规则放在基本原则之后，留下不同规则作各自表述。如此，一个有共同原则、共同规则和各自规则构成的统一的举证责任分配法律体系就会形成。

第三节　举证责任分配规则统一立法示例与说明

一、举证责任分配规则统一立法示例

　　下面，以控制者自证其当原则为指导，结合现有各诉讼领域的举证责任分配规则，对举证责任分配规则统一立法作一

示例。

举证责任（章名）

第一节　总　则

第一条（举证责任概念）举证责任是诉讼各方依法承担的向法官提供证据的义务。任何一方举证不能，应当承担举证不能的不利裁判后果。

第二条（举证责任分配基本原则）证据的控制者应当承担其符合有关实体法规定的事实主张的举证责任。

证据的控制者不明显的，行为或行为领域的控制者，应该承担其控制的行为和行为领域符合有关实体法规定的事实主张的举证责任。

第二节　共同的举证责任分配规则

第三条（正当事由的举证责任）主张因自己的行为造成损害结果有正当防卫、紧急避险、不可抗力、意外事件等正当事由的，主张该正当事由的一方承担正当事由事实存在的举证责任。

第四条（不作为的举证责任）因不作为造成损害被起诉的，被诉方主张自己已经履行了应尽义务的，被诉方应当承担自己履行义务行为的举证责任。本条规定不适用于刑事公诉案件的被告人。

第五条（非法证据排除的举证责任）负有举证责任的一方应当对提供的证据的收集行为的合法性承担举证责任。

第六条（举证责任的转移）承担举证责任的一方完成举证责任后，反驳其举证证明的事实的一方，承担反驳主张的事实存在的举证责任。反驳一方不能举证证明反驳主张的事实存在的，承担对其不利的裁判后果。

第七条（证据持有者的举证责任）有证据证明持有证据的一方无正当理由拒不提供证据，如果对方主张证据的内容不利于证据持有人，可以推定该主张成立。该条规定不适用于公诉案件的被告人。

第八条（程序性事实的举证责任）对程序性事实发生争议的，由做出程序性行为的一方承担举证责任。

第九条（举证责任的释明）人民法院应当适时向当事人释明举证责任的分配、转移和要求，以及不能完成举证责任的法律后果。

当事人因客观原因不能自行收集的证据，可申请人民法院调查收集。因客观原因不能自行收集的证据包括：

（一）证据由国家有关部门保存，当事人及其诉讼代理人无权查阅调取的；

（二）涉及国家秘密、商业秘密或者个人隐私的；

（三）当事人及其诉讼代理人因客观原因不能自行收集的其他证据。

第三节　民事诉讼的举证责任分配规则

第十条（合同纠纷诉讼的举证责任）在合同纠纷诉讼中，对合同订立、生效、变更、解除、终止或撤销等实事发生争议的，由主张有关事实的当事人承担举证责任。

对合同是否履行发生争议的，由负有履行义务的当事人承担举证责任。

对代理权发生争议的，由主张有代理权一方当事人承担举证责任。

第十一条（劳动纠纷的举证责任）在劳动争议纠纷案件中，因用人单位作出开除、除名、辞退、解除劳动合同、减少劳动报酬、计算劳动者工作年限等决定而发生劳动争议的，由用人单位对做出决定所依据的事实承担举证责任。

第十二条（夫妻共同债务的举证责任）因夫妻财产分割纠纷引起的诉讼，主张单方对外举债属于共同债务的，由作出该主张的一方承担其举债用于家庭事务或经对方认可作为共同债务的举证责任。

第十三条（法人人格混同的举证责任）因公司债务纠纷引起的诉讼，债权人提供了债务人与其股东、实际控制人或其它公司的财产、人事或业务上任何一方面存在某次混同的证据后，主张债务人与其股东、实际控制人或其它公司人格混同并要求承担连带责任的，债务人应当承担其与股东、实际控制人或其它公司的财产、人事或业务上的清晰界限的举证责任。

第十四条（一般侵权纠纷的举证责任）在侵权纠纷中，主张因对方侵权行为造成损害的一方承担侵权事实、损害事实和二者之间的因果关系的举证责任。在诉方完成举证责任后，被诉方应当承担存在正当事由的举证责任。

第十五条（特殊侵权纠纷的举证责任）下列侵权诉讼，按照以下规定承担举证责任：

（一）高度危险作业致人损害的侵权诉讼，由加害人就自己尽到了高度的警示和注意义务或具有正当事由承担举证责任；

（二）因环境污染引起的损害赔偿诉讼，由加害人就其行为符合法律规定的免责事由及行为与损害结果之间不存在因果关系承担举证责任；

（三）建筑物或者其他设施以及建筑物上的搁置物、悬挂物发生倒塌、脱落、坠落致人损害的侵权诉讼，由所有人或者管理人对自己尽到了警示和防范义务或具有正当事由承担举证责任；

（四）饲养动物致人损害的侵权诉讼，由动物饲养人或者管理人对自己尽到了警示和防范义务或具有正当事由承担举证责任；

（五）因缺陷产品致人损害的侵权诉讼，由产品的生产者就其生产行为合产品符合法律规定的免责事由承担举证责任；

（六）因共同危险行为致人损害的侵权诉讼，由实施危险行为的人就其行为与损害结果之间不存在因果关系承担举证责任；

（七）因医疗行为引起的侵权诉讼，由医疗机构就医疗行为与损害结果之间不存在因果关系、医疗行为符合医疗规范或其它正当事由承担举证责任。

（八）知识产权侵权诉讼，在权利人举证证明了对方当事人生产、销售或使用的产品与权利人的知识产权客体相同或近似后，对方当事人应当承担其生产、销售或使用的产品、产品标识或生产方法不同于权利人的知识产权内容或享有知识产权的举证责任。

因侵犯知识产权的损害事实，由侵权人对其侵权期间所得物质利益是非侵权行为所得承担举证责任。权利人也可以举证证明侵权的损失，但并不因此减免侵权人的举证责任。

（九）因国家机关和国家机关工作人员违法行使职权而引起的侵权诉讼，国家机关应当就其行为的合法性或法定免责事由事实承担举证责任。

第四节　刑事诉讼的举证责任分配规则

第十六条（公诉案件的举证责任）公诉案件中，人民检察院承担被告人有罪的举证责任。

被告人主张存在正当或免责事由的，应当对其正当或免责事由的主张承担举证责任。但是，正当或免责事由证据收集的义务由侦查机关承担，被告人及其辩护人应当提供明确的线索，并有权要求在场，也可以依法自行收集。被告人及其辩护人依法自行收集免责事由证据的，并不免除侦查机关的收集义务。

第十七条（刑事自诉案件的举证责任）自诉案件中被告人有罪的举证责任由自诉人承担。

被告人主张存在免责事由或罪轻的，应当对免责事由或罪轻的事实承担举证责任。

自诉人指控被告人的罪行发生在自诉人被被告人控制期间的，自诉人承担被告人控制行为和控制前后损害事实的举证责任，被告人承担控制期间自己的行为正当性的举证责任。

第十八条（刑事附带民事诉讼的举证责任分配规则）刑事附带民事诉讼中，刑事诉讼部分的举证责任分配依照刑事诉讼的举证责任分配规则进行，附带民事诉讼部分的举证责任分配依照民事诉讼分配规则进行。

第十九条（持有型犯罪的举证责任）持有型犯罪的被告人主张其持有某种违禁、违法对象具有正当或免责事由的，应当承担正当或免责事由的举证责任。

第二十条（巨额财产来源不明罪的举证责任）巨额财产来源不明罪案件，人民检察院承担被告人财产或支出与其合法收入差额巨大的事实的举证责任，被告人承担差额巨大的财产的来源的合法性的举证责任。但是，合法性证据收集的义务由侦查机关承担，被告人及其辩护人应当提供明确的线索，并可以依法自行收集。被告人及其辩护人依法自行收集免责事由证据的，并不免除侦查机关的收集义务。

第五节 行政诉讼的举证责任分配规则

第二十一条（行政作为合法性的举证责任）被告对作出的行政行为负有举证责任，应当提供作出该行政行为的证据和所依据的规范性文件。

原告可以提供证明行政行为违法的证据。原告提供的证据不成立的，不免除被告的举证责任。

第二十二条（行政不作为的举证责任）在起诉被告不履行法定职责的案件中，原告应当提供其向被告提出申请的证据。但有下列情形之一的除外：

（一）被告应当依职权主动履行法定职责的；

（二）原告因正当理由不能提供证据的。

在行政赔偿、补偿的案件中，原告应当对行政行为造成的损害提供证据。因被告的原因导致原告无法举证的，由被告承担举证责任。

二、举证责任分配规则统一立法示例说明

1. 关于结构

本章是证据法重要的独立的一章，统一规定各大诉讼的举证责任分配规则。如前所述，统一的举证责任分配规则应该由基本原则、共同规则和各大诉讼法具体规则构成。所以，本章之下分为五节，分别规定基本原则、共同规则和三大诉讼法具体规则。

2. 关于总则

这一节的名称是不是叫"总则"还需斟酌，因为通常情况下，一部法律的某一章是不适宜规定总则的。但是，叫"基本原则"也不适合，因为基本原则理应属于总则中的内容，而且，该节中的举证责任概念一条并不是基本原则。所以，思来想去，暂时取名"总则"。或许比较适合的处理是，在证据法中，把举证责任分配的基本原则归入证据法总则一章，而举证责任概念归入共同规则一节。

第一条是关于举证责任概念的定义。之所以规定这么一条，

目的在于确定举证责任的义务性质，告诉诉辩双方应该积极履行举证责任，否则，将面临不利的裁判。

第二条是举证责任分配的基本原则，也是本章的灵魂。该条从两个层次规定了控制者自证其当原则，一个是证据控制情况明显的，直接规定证据的控制者的举证责任；另一个是证据控制情况不明显的，由行为领域的控制者承担举证责任。证明对象一样，都是符合有关实体法规定的事实主张。

3. 关于共同规则

共同规则部分规定了正当事由、不作为、非法证据排除、证据持有者、程序性事实的举证责任和举证责任转移、举证责任释明等三大诉讼可以共同适用的规则和共同存在的情况。这些规定符合控制者自证其当原则，或者与该原则不矛盾，有关理由在控制者自证其当原则的运用、现行举证责任分配规则评析或举证责任章节已经论证。

其中，正当事由、非法证据排除的举证责任、程序性事实的举证责任和举证责任释明 4 条能够共同适用于三大诉讼，在理论界基本上是共识，也在三大诉讼法上有几乎相同的规定。

不作为、证据持有者和举证责任转移的规定能否共同适用于刑事诉讼，是会有争议的。笔者认为，这三个规则至少可以适用于刑事诉讼的自诉案件。在公诉案件中，如果被告人证据收集的问题能够有效解决，这三个规则就完全能够适用。所以，在现有刑事诉讼法没有对辩护人的证据调查权，或对侦查机关证据收集义务作出平衡性修改前，在不作为、证据持有者的举证责任条规定了"本条规定不适用于刑事公诉案件的被告人"。

举证责任转移的规定是可以适用于刑事诉讼的，它实际上是在公诉人完成被告人有罪的举证责任后，被告人就正当事由或其它免责事由承担的举证责任，与正当事由的举证责任规定是协调的。

4. 关于民事诉讼的举证责任分配规则

该节用 5 条根据控制者自证其当原则规定了合同纠纷、劳动纠纷、夫妻共同债务、法人人格混同、一般侵权纠纷和特殊侵权纠纷 6 个诉讼的举证责任分配规则。有关理由在控制者自证其当原则的运用或现行举证责任分配规则评析章节已经论证。

需要特别说明的是第 10 条合同纠纷诉讼的举证责任分配规则。该规定完全根据控制者自证其当原则制定，梳理去除了根据规范说作出的规定部分。比如，第 1 款"在合同纠纷诉讼中，对合同订立、生效、变更、解除、终止或撤销等实事发生争议的，由主张有关事实的当事人承担举证责任"的规定，因为合同关系中，双方地位平等、行为自主，证据信息分布对称均衡，所以，不管哪一方，只要主张某个合同行为事实，就应该承担该事实的举证责任。没必要对实体法的要件实事进行分类，并作分类规定。

再比如，第 2 款"对合同是否履行发生争议的，由负有履行义务的当事人承担举证责任"的规定，根据控制者自证其当原则是很容易理解的，因为义务履行行为时由作出履行行为的当事人控制的，所以，当然要由负有履行义务的当事人承担举证责任。第 3 款关于代理权的举证责任规定，也是因为代理双方仍然是合同关系双方，只不过是代理合同而已，所以，由主张有代理权一方当事人承担举证责任。

至于为什么还要像现有规定那样，对这些规则在这里规定一下，主要是考虑到在现有的规则体系中，这些规则规定的问题在实践中有过争议或混乱，已经成为需要特别规定的规则。实际上，如果贯彻了控制者自证其当原则，现有的许多规则都是多余的。

　　另一个需要特别说明的是特殊侵权的举证责任分配规则。该部分首先是根据控制者自证其当原则，改变了许多现有的语言表达方式。比如，"高度危险作业致人损害的侵权诉讼，由加害人就自己尽到了高度的警示和注意义务或具有正当事由承担举证责任"的规定，不是用无过错的表达方式，而是用"尽到了……义务"或"具有正当事由"。理由在于主观上的过错是由客观行为反映的，而"无"本身因为没有信息运动，所以，也是无法证明的。无过错在实践中的表现都是做出了应该做的行为或者有不可抗力等正当事由，所以，表达方式都作了调整。

　　其次是在该部分增加了知识产权侵权纠纷诉讼的举证责任分配规则。实际上是把分散在知识产权法律或司法解释中的规定，根据控制者自证其当原则作出统一规定。至于规定的内容，已经在控制者自证其当原则的运用，或现行举证责任分配规则评析章节中有过论述。

　　国家机关及其工作人员的职务行为不当而造成损害的侵权诉讼，根据控制者自证其当原则，关于其行为的正当性的举证责任在被告。这个结论与行政诉讼的举证责任分配的规定一致，道理也是一样的。

　　5. 关于刑事诉讼的举证责任分配规则

　　该节用4个条文规定了刑事诉讼公诉案件、自诉案件、持有型犯罪案件和巨额财产来源不明罪的举证责任分配规则。

　　其中，第16条在规定公诉案件公诉机关承担被告人有罪的举证责任的同时，在第2款规定了被告人正当事由或免责事由的举证责任和侦查机关收集证据的责任。被告人承担正当事由或免责事由的举证责任的理由在控制者自证其当原则的运用一章就有论述，在刑事诉讼举证责任规则评析一章也有涉及。至于为什么要让侦查机关承担收集证据的责任，基本理由在控制者自证其当原则的运用一章也有论述，主要在于目前辩护人的调查取证权十分有限，所以，在目前的辩护人制度框架下设立举证责任规则时，把收集证据的义务安排给侦查机关。这个义务安排与刑事诉讼法关于侦查机关全面收集证据的规定也是一致的。另外，为了确保侦查机关收集证据义务的正确行使，该款还规定了被告人提供明确线索的义务和证据收集在场权，以及自行收集证据的权利。

第 17 条规定了自诉案件的举证责任分配规则。该条根据控制者自证其当原则用 3 款规定了自诉案件的举证责任分配规则。第 1 款和第 2 款规定的理由在控制者自证其当原则运用一章已经论述。第 3 款特别规定了可能存在的人身控制情况下的举证责任分配规则。如果自诉人被被告人控制期间受到侵害，自诉人承担被控制和被控制前后损害事实的举证责任，因为这部分的案件证据分布在自诉人控制的行为领域。相反，被告人则要承担控制期间自己行为的正当性的举证责任，因为这部分的案件证据分布在被告人控制的行为领域。

第 18 条规定了刑事附带民事诉讼的举证责任分配规则。该规则延续和重述了刑事诉讼法关于分别适用刑事程序和民事程序的规定，也是符合控制者自证其当原则的。

第 19 条规定了持有型犯罪案件的举证责任分配规则。"持有"是刑法规定的重要的一种犯罪行为方式。在持有型犯罪案件中，在公诉机关完成了被告人持有某种违禁、违法对象（包括物品、信息，甚至人员）后，被告人主张其持有行为具有正当或免责事由的，因为这部分的证据分布在被告人控制的行为领域，所以，应该由被告人承担其正当或免责事由的举证责任。

第 20 条实际上是第 18 条的特别的细化规定，也是刑法学和刑事诉讼法学界普遍关注的一个罪名，所以，在此再具体规定一下。理由与第 18 条相同，而且在控制者自证其当原则运用一章已经论述。

6. 关于行政诉讼的举证责任分配规则

该节根据控制者自证其当原则，梳理和确认了现行的行政诉讼举证责任分配规则，一共三条，没有再作新的规定。有关理由在控制者自证其当原则运用一章已经充分论述。

REFERENCE

参考文献

1. 肖前主编:《马克思主义哲学原理》,中国人民大学出版社 1998 年版。

2. 毛泽东:"矛盾论",载《毛泽东选集》,人民出版社 1969 年版。

3. 〔美〕N. 维纳:《控制论》,郝季仁译,科学出版社 2009 年版。

4. 金观涛、华国凡:《控制论与科学方法论》,新星出版社 2005 年版。

5. 邹志红主编:《信息学概论》,南京大学出版社 1996 年版。

6. 钟义信:《信息科学原理》,北京邮电大学出版社 1996 年版。

7. 钟义信主编:《信息科学教程》,北京邮电大学出版社 2004 年版。

8. 〔美〕约翰·罗尔斯:《正义论》,何怀宏、何包钢、廖申白译,中国社
   会科学出版社 1988 年版。

9. 〔美〕E. 博登海默:《法理学——法律哲学与法律方法》,邓正来译,
   中国政法大学出版社 1999 年版。

10. 张文显主编:《法理学》,高等教育出版社、北京大学出版社 2003
    年版。

11. 〔美〕理查德·A. 波斯纳:《法律的经济分析》,蒋兆康译,法律出版
    社 2012 年版。

12. 樊崇义主编:《诉讼原理》,法律出版社 2003 年版,第 143 页。

13. 罗仕国:《科学与价值——作为实践理性的法律推理导论》,中国社会
    科学出版社 2008 年版。

14. 陈浩然:《证据学原理》,华东理工大学出版社 2002 年版。

15. 〔德〕莱奥·罗森贝克:《证明责任论——以德国民法典和民事诉讼法
    典为基础撰写》,庄敬华译,中国法制出版社 2002 年版。

16. 李浩主编：《证据法学》，高等教育出版社 2014 年版。

17. 陈界融：《证据法：证明负担原理与法则研究》，中国人民大学出版社 2004 年版。

18. 江伟主编：《民事诉讼法学》（第 4 版），高等教育出版社 2013 年版。

19. 叶自强：《举证责任及其分配标准》，法律出版社 2005 年版。

20. 陈光中主编：《刑事诉讼法学》（第 5 版），北京大学出版社 2012 年版。

21. 马怀德主编：《行政诉讼法学》（第 2 版），中国人民大学出版社 2015 年版。

22. 冀宗儒、孟亮："论证明责任裁判的表现形式"，载《证据科学》2013 年第 3 期。

23. 张中："实践中的证据法——中国证据法实施情况调查研究"，载《证据科学》2015 年第 2 期。

24. 黄维智：《刑事证明责任研究——穿梭于实体与程序之间》，北京大学出版社 2007 年版。

25. 季卫东："程序比较论"，载《比较法研究》1993 年第 1 期。

26. 李浩：《民事证明责任研究》，法律出版社 2003 年版。

27. 甄贞主编：《刑事诉讼法学研究综述》，法律出版社 2002 年版。

28. 胡锡庆主编：《诉讼证明学》（第 2 版），中国法制出版社 2002 年版。

29. 肖建国：《民事诉讼程序价值论》，中国人民大学出版社 2000 年版。

30. 樊崇义主编：《刑事诉讼法原理与适用》，中国人民公安大学出版社 2001 年版。

31. 何家弘："论司法证明的目的和标准"，载《法学研究》2001 年第 6 期。

32. 宋世杰："论举证责任及其科学概念的表述"，载《河北法学》2007 年第 24 期。

33. 皮纯协、稽子明主编：《行政诉讼法学》，警官教育出版社 1990 年版。

34. 梁慧星主编：《民事证据研究》（第 2 版），法律出版社 2002 年版。

35. 毕玉谦等：《中国证据法草案建议稿及论证》，法律出版社 2003 年版。

36. 何家弘、张卫平主编：《外国证据法选译》，人民法院出版社 2000 年版。

37. 巫宇甦主编：《证据学》，群众出版社 1983 年版。

38. 樊崇义主编：《证据学》，中国人民公安大学出版社 2001 年版。

39. 杨荣新主编：《新民事诉讼法讲话》，中国政法大学出版社 1991 年版。

40. 何家弘主编：《证据法学研究》，中国人民大学出版社 2007 年版。

41. 紫发邦主编：《民事诉讼法教程》，法律出版社 1983 年版。

42. 巫宇甦主编：《证据学》，群众出版社 1983 年版。

43. 甘仞初主编：《信息资源管理》，经济科学出版社 2000 年版。

44. 曾庆敏主编：《精编法学辞典》，上海辞书出版社 2000 年版。

45. 李浩：“《民事诉讼法》修订中的举证责任问题”，载《清华法学》2011 年第 3 期。

46. 汪振林主编：《电子证据学》，中国政法大学出版社 2016 年版。

47. 王进喜：《美国〈联邦证据规则〉（2011 年重塑版）条解》，中国法制出版社 2012 年版。

48. 王怀诗：“信息运动规律初探”，载《图书与情报》1996 年第 4 期。

49. 蒋永福、李集：“信息运动十大规律”，载《情报资料工作》1998 年第 5 期。

50. 罗先汉：“物信论——多层次物质信息系统及其哲学探索”，载《北京大学学报（自然科学版）》（第 41 卷）2002 年第 3 期。

51. ［美］期萨姆 W.J. 特威：“证据动力学：‘洛卡德的物质交换原理和犯罪重建理论’”，马静华译，载《四川警官高等专科学校学报》（第 14 卷）2002 年第 1 期。

52. 刘品新：“论犯罪过程中的信息转移原理”，载《福建公安高等专科学校学报》2003 年第 1 期。

53. 程良燊：“犯罪侦查学基础理论新探（一）”，载《中国公安大学学报》1991 年第 1 期。

54. 王立梅、刘浩阳主编：《电子数据取证基础研究》，中国政法大学出版社 2016 年版。

55. 黄永：《刑事证明责任分配研究》，中国人民公安大学出版社 2006 年版。

56. 沈宗灵主编：《法理学》，北京大学出版社 2003 年版。

57. 何家弘：“论司法证明的目的和标准”，载《法学研究》2001 年第 6 期。

58. 王泽鉴：《侵权行为法》（第 1 册），中国政法大学出版社 2001 年版。

59. 王利明主编:《民法学》,中国广播电视大学出版社 1995 年版。

60. 王利明:《违约责任论》,中国政法大学出版社 1996 年版。

61. 彭万林主编:《民法学》(修订版),中国政法大学出版社 1999 年版。

62. 卞建林主编:《刑事证明理论》,中国人民公安大学出版社 2004 年版。

63. 卞建林、韩旭:"刑事被告人证明责任研究",载《云南大学学报(法学版)》(第 15 卷)2002 年第 4 期。

64. 龚大春:"证据的本质与属性",载《社科纵横》2008 年第 10 期。

65. 刘品新:"证据法的信息论解析",载王进喜、常林主编:《证据理论与科学——首届国际研讨会论文集》,中国政法大学出版社 2007 年版。

66. 毕玉谦:《民事证据法判例实务研究》,法律出版社 1999 年版。

67. 陈刚:《证明责任法研究》,中国人民大学出版社 2000 年版。

68. 肖建国:《民事诉讼程序价值论》,中国人民大学出版社 2000 年版。

69. [美]罗纳德·J. 艾伦:"论司法证明的性质",王进喜等译,载《证据科学》(第 19 卷)2011 年第 6 期。

70. 封利强:"司法证明机理:一个亟待开拓的研究领域",载《法学研究》2012 年第 2 期。

71. 汤维建:"论民事诉讼中的举证责任倒置",载人民大学复印资料《诉讼法学、司法制度》2002 年第 11 期。

72. 毕玉谦等:《中国证据法草案建议稿及论证》,法律出版社 2003 年版。

73. 江伟:《中国证据法草案建议稿及立法理由书》,中国人民大学出版社 2004 年版。

74. 张保生主编:《〈人民法院统一证据规定〉司法解释建议稿及论证》,中国政法大学出版社 2008 年版。

75. 王兆鹏:《美国刑事诉讼法》,元照出版有限公司 2007 年版。